Simon Peng-Keller

Einladung zur Achtsamkeit

SIMON PENG-KELLER

Einladung zur Achtsamkeit

KREUZ

MIX
Papier aus verantwortungsvollen Quellen
FSC® C106847
www.fsc.org

www.kreuz-verlag.de

Umschlaggestaltung: agentur IDee
Umschlagmotiv: © shutterstock

Satz: Arnold & Domnick, Leipzig
Herstellung: fgb · freiburger graphische betriebe
www.fgb.de

Printed in Germany

ISBN 978-3-451-61167-4

Inhalt

Einladung

Das vorliegende Buch möchte zu einer Entdeckungsreise ermutigen. Die Reise, die es beschreibt geht ebenso nach außen wie nach innen. Sie erkundet und erschließt Achtsamkeit als spirituelle Übung und Lebenshaltung. Weil Achtsamkeit ebenso viele Facetten besitzt wie die Liebe oder das Vertrauen, verspricht diese Reise einige Überraschungen.

Was das vorliegende Buch vermitteln möchte, ist leicht und schwer zugleich. Es geht um eine menschliche Möglichkeit, die uns ebenso nah wie fern liegt. Wir können leicht achtlos an ihr vorübergehen. Von vielen Menschen wird sie nur flüchtig wahrgenommen. Doch immerhin das: Die meisten sind schon mit ihr in Berührung gekommen. Die Erfahrung von Achtsamkeit hat uns gestreift, bevor wir beginnen, sie aktiv zu suchen. Wir kennen sie aus unserer Kindheit. Und das Kind in uns bleibt mit ihr vertraut und träumt von ihr. Das hilft uns bei der Einübung. Es geht um eine Erfahrung, die wir in uns tragen. Wir können sie in uns entdecken, wecken und neu entfalten. Gleich einem Instrument, das lange in einer vergessenen Ecke unseres Hauses lag.

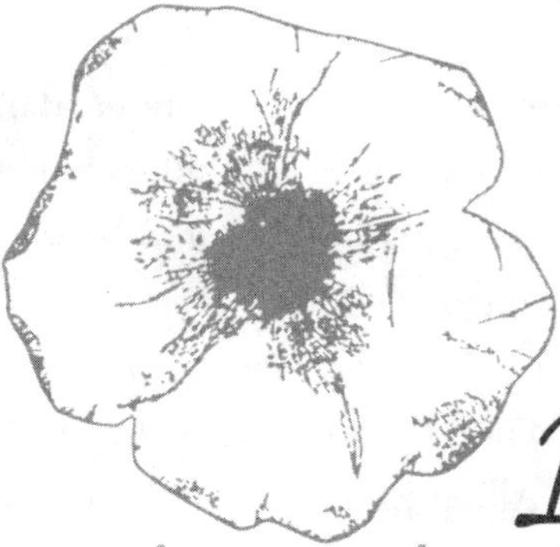

1 Am Anfang

Am Anfang

Zur Einstimmung

Der Weg der Achtsamkeit beginnt mit einer heilsamen Ernüchterung. Wir entdecken die Einseitigkeit unseres Geistes. Unser Denken, Erinnern und Fantasieren hat eine Eigendynamik, die unseren Geist nicht zur Ruhe kommen lässt. Es fällt uns schwer, die genannten mentalen Aktivitäten dann, wenn sie ihre Aufgabe erfüllt haben, wieder loszulassen, um ganz im Hier und Jetzt verweilen zu können.

Schauen wir uns einmal etwas genauer an, in welcher Weise Gedanken und Imagination unseren Alltag prägen! Vermutlich stellen wir fest, dass wir mehr in Sorgen- und Wunschfantasien und den damit verbundenen Gedanken verweilen als im Hier und Jetzt. Gedanken absorbieren uns. Sie sind Energiefresser. Sie holen uns aus der Gegenwart und entführen uns in die Zukunft

(Sorgen, Wünsche) oder die Vergangenheit (Erinnerungen). Um Achtsamkeit zu entwickeln braucht es eine Sensibilisierung für die Fallgruben unseres Geistes. Die folgenden Abschnitte laden dazu ein.

Sorgenstrudel

Sorgen wecken belastende Gefühle und bringen unsere Gedanken in unruhiges Kreisen. Oft sind sie mit Entscheidungen verknüpft, die wir fällen müssen. Sind sie getroffen, müssen wir überlegen, wie wir sie umsetzen. All das absorbiert uns gedanklich stark. Sorgenvolle Gedanken legen sich wie ein grauer Schleier über unsere Gegenwart. Sie verhindern ein achtsames Wahrnehmen unserer Um- und Mitwelt.

Imaginäre Wunschwelten

Wünsche entführen uns gerne auf kurze oder ausgedehnte Fantasiereisen. Die Gefühlswelt, in die wir dabei eintauchen, ist eine andere als beim sorgenvollen Grübeln. Es fühlt sich leicht und wohlig an, uns von unserem Wunschdenken mitnehmen zu lassen. Kindern und Jugendlichen merkt man es an, wenn sie in erträumten Welten schwelgen. Manche Menschen verbringen den Großteil ihres Lebens in solchen Zuständen.

Erinnerungsblasen

Auch Erinnerungen entrücken uns oft der Gegenwart. Nicht selten hängen wir in unseren Gedanken Dingen nach, die zurückliegen. Auf dem Weg zur Arbeit sind wir noch mitten in einem Gespräch, das sich während des Frühstücks entwickelte. Einige Stunden später gehen uns auf dem Heimweg die Worte einer Arbeitskollegin nicht mehr aus dem Sinn. Vielleicht verfolgen sie uns bis tief in die Nacht.

Aufwachen in ein achtsames Dasein

Zu realisieren, wie selten wir im Hier und Jetzt leben, ist ernüchternd. Es weckt aber auch die Sehnsucht, die uns auf den Weg der Achtsamkeit führt. Nach einem islamischen Weisheitsspruch verbringen die meisten Menschen ihr Leben im Traum und wachen erst in der Todesstunde auf. Nehmen wir die Gelegenheit wahr, uns schon früher aufwecken zu lassen und wach und achtsam zu leben?

2 Achtsamkeit und Selbsterkenntnis

… Selbsterkenntnis

Zur Einstimmung

In der Einübung von Achtsamkeit kommen wir selbst ins Spiel. Wir lernen, uns genauer wahrzunehmen. Wir kommen mit Seiten von uns in Kontakt, die sich im geschäftigen Alltag verbergen. Achtsamkeit erschließt uns neue Möglichkeiten im Umgang mit uns selbst. Wir lernen, uns von unseren Gedanken, Gefühlen und Empfindungen zu distanzieren. Die Übung der Achtsamkeit ermöglicht uns, in neuer Weise bei uns selbst anzukommen und uns im Hier und Jetzt zu verankern. Wie aber finden wir auf diesen Weg?

Öffnende Fragen

Um zu Selbsterkenntnis und innerer Ruhe zu gelangen, braucht es nach Wüstenvater Joseph von Panepho zweierlei: das Loslassen der Neigung, ständig über andere zu richten, sowie die Bereitschaft, sich immer wieder neu der Frage zu stellen: „Ich – wer bin ich?“

Eine solche Frage wirkt öffnend. Stellen wir uns ihr, realisieren wir, dass wir sie nicht abschließend beantworten können. Sie führt uns von Äußerlichem zum Wesentlichen. Sie ermöglicht uns, uns genauer wahrzunehmen: Wer bin ich, der ich dauernd über andere und mich urteile?

Die Frage lässt sich präzisieren: „Wer bin ich – hier und jetzt?“-„Was zeigt sich mir in diesem Moment?“-„Was kommt jetzt gerade auf mich zu?“-„Wie genau fühlt sich dies oder jenes an?“-„Was genau geschieht in meinem Geist in diesem Moment?“ Wer so fragt, schaut genauer hin. Er/sie beginnt, seine/ihre Wahrnehmungsmöglichkeiten zu verfeinern.

Der Weg der Achtsamkeit beginnt mit öffnenden Fragen. Sie wecken Geist und Sinne für das Geheimnis des Gegenwärtigen.

Selbstpräsenz

Es ist eine vertraute Erfah
den Kontakt zu unserer Mi
verlieren, wenn wir uns nich
bemühen. Weniger offenkund …, dass es auch Kontaktschwierigkeiten im Selbstbezug gibt. Verlieren wir den Kontakt zu uns selbst, werden wir schnell einmal fremdbestimmt. Wir beginnen gedankenlos und mechanisch so zu handeln, wie andere es von uns erwarten. Wir hören dann auf, im Leben, das wir führen, präsent zu sein. Es gleicht eher einer hohlen Muschel als einem bewohnten Haus.

Beginnen wir, die Kunst der Achtsamkeit zu erschließen, finden wir in eine andere Lebensdynamik. Wir treten wieder stärker in Kontakt mit uns und unserer Mitwelt. Was wir einüben, ist eine besondere Form von Zuwendung zu uns selbst und zu ande-

Die ungeteilte Ausrichtung, die für achtsames Tun und Lassen charakteristisch ist, vermittelt uns eine ungewöhnliche Erfahrung. Die Präsenz für die Gegenwart führt uns zu größerer Selbstpräsenz. Ebenso wie wir uns durch Veräußerlichung verlieren können, ist es auch möglich, durch die Aufmerksamkeit, die wir anderen schenken, zu uns selbst zurückfinden.

Wir finden zu uns selbst durch achtsame Ausrichtung auf anderes. Und wir finden den Zugang zu anderen, wenn wir uns selbst präsenter werden.

Im Brunnenhaus der Gegenwart

Der gegenwärtige Moment gleicht einem Brunnenhaus, das eine Quelle birgt. Sie ist unseren Augen entzogen. Es bedarf einer achtsamen Annäherung, um sie zu entdecken. Wir übersehen sie, wenn wir die Gegenwart als ausdehnungslosen Punkt denken, den wir durcheilen. In ihr zu verweilen, erscheint uns nicht möglich zu sein. Wir durchleben die Gegenwart, ohne sie zu erleben. Unsere Aufmerksamkeit richtet sich gewöhnlich nur flüchtig auf das Gegenwärtige. Sie oszilliert zwischen Zukunft und Vergangenheit, zwischen dem, was wir planen und dem, was wir an Schönem oder Schwierigem erlebt haben.

Doch steht uns eine andere Möglichkeit offen. Die Quelle möchte entdeckt werden.

Ein Brunnenhaus mag von außen unscheinbar wirken. Oft besteht es aus schlichtem Gemäuer. Treten wir näher heran, dringt plötzlich ein leises Rauschen an unser Ohr. Es lädt ein, sich der verborgenen Quelle anzunähern. Vom Tageslicht geblendet, vermag sie unser Blick noch nicht wahrzunehmen. Um sich an das „Dunkel des gelebten Augenblicks“ (Ernst Bloch) zu gewöhnen, braucht es Zeit und Geduld. Wir beginnen die Fülle des Augenblicks zu verkosten, wenn wir Distanz gewinnen gegenüber Aktivitäten und Gedanken und unsere ganze Aufmerksamkeit auf unser gegenwärtiges Erleben lenken.

Der gegenwärtige Augenblick entzieht
sich unserer eingewöhnten Wahrnehmung.
Beginnen wir, ihn achtsam zu ergründen,
stoßen wir auf eine Quelle, die ständig
fließt und unser Leben erneuert.

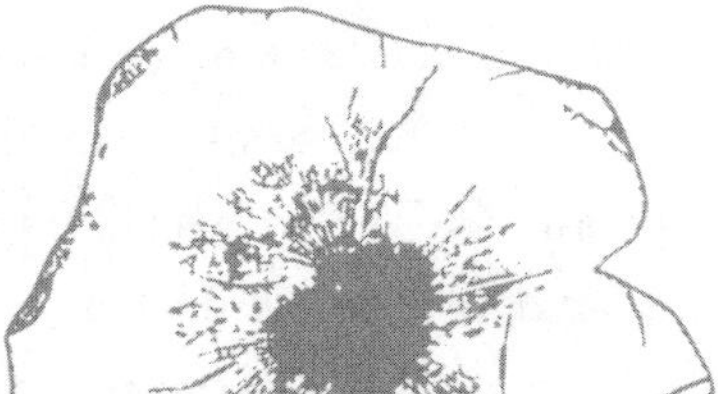

3 Achtsamkeit und Spiritualität

Spiritualität

Zur Einstimmung

Sich in eine achtsame Haltung einzuüben, gehört zu den Grundlagen jeglicher Form von Spiritualität. Achtsamkeit ist die Voraussetzung von Gebet und Meditation. Wir können sie als Kennzeichen einer spirituellen Lebensgestaltung betrachten. Praktizieren wir die Übung der Achtsamkeit im Horizont eines spirituellen Weges, wird sie uns helfen, diesen vertiefter zu entdecken und bewusster zu gehen. Im Zusammenhang kontemplativen Betens richtet sich die Achtsamkeit auf Gottes Gegenwart. Im Dunkel des gelebten Augenblick, das sich uns in der Praxis der Achtsamkeit aufzuhellen beginnt, begegnet uns das Geheimnis der Welt. In der Gegenwart kommen wir in Berührung mit Gottes Gegenwart. Werden wir geistesgegenwärtig, beginnen wir wahr-

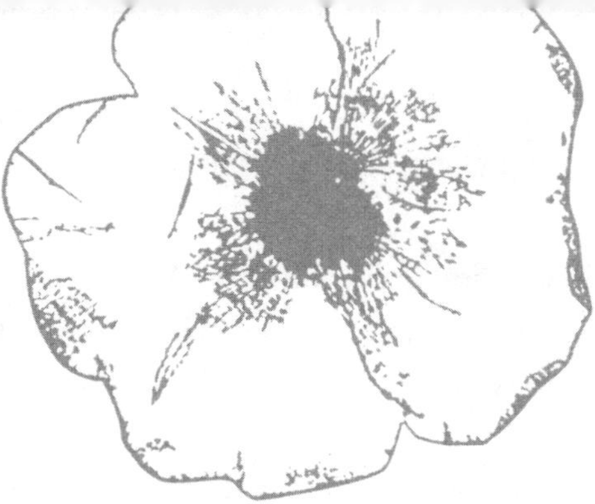

zunehmen, dass wir von der inspirierenden Gegenwart des göttlichen Geistes durchdrungen und bewegt sind.

Achtsamkeit gehört zu den Grundlagen spirituellen Übens. Sie ist ein Tor zu geistlichem Leben, zum Geheimnis von Gottes Gegenwart.

Loslassen

Achtsam im gegenwärtigen Moment verweilen und in ihm die Gegenwart von Gottes Geist wahrzunehmen, bedeutet auch: loslassen, was uns an die Vergangenheit oder die Zukunft bindet. Ein volles Gefäß kann nichts Neues in sich aufnehmen. Das Auge, gibt Meister Eckhart zu bedenken, darf in sich keine Farbe tragen, will es die Vielfalt von Farben in sich aufnehmen.

Solches Lassen beginnt mit der Wahrnehmung dessen, was wir nicht lassen können. Auf dem Weg des Lassens stoßen wir auf Gewohnheiten, denen wir verhaftet sind und die uns anhaften. Dem akzeptierenden und geduldigen Umgang mit ihnen wird auf den folgenden Seiten weiter nachzugehen sein. Die meisten spirituellen Wege räumen der Wahrnehmung von Verhaftungen einen großen Stellenwert ein. Die

Wahrnehmung des Unerlösten in uns macht uns offener für die erlösende Kraft. Was *wir* nicht lassen können, kann *sie* erlösen. Wir werden frei zum Empfangen.

Achtsames Wahrnehmen sensibilisiert für Anhaftungen. Sie lässt uns die heilsame Kraft entdecken, die uns von dem befreit, was wir nicht lassen können.

Gabe des Geistes

Loslassen schafft Raum für Neues. Was sich uns schenkt, ermöglicht das Lassen. Würden wir Gottes Geistkraft erst empfangen, wenn wir all unsere Verhaftungen gelassen hätten, würden wir sie niemals empfangen. Weil sie uns schon gegeben ist, können wir uns mehr und mehr loslassen. Uns von ihr getragen wissend, können wir uns ihr übergeben. Die Achtsamkeit für das bereits Geschenkte führt uns in eine glückliche Spiralbewegung hinein. In ihr schafft das Lassen die Voraussetzungen für das Empfangen, während die Erfahrung des Beschenkt-Seins die Bereitschaft freisetzt, uns zu lassen.

Spiritualität lebt von der Gabe des Geistes. Er weckt in uns Sehnsucht nach einem geistdurchdrungenen und achtsamen Leben.

Im Geheimnis verweilen

Es ist ein Gütezeichen spiritueller Praxis, wenn sie sich in verbindlichem Engagement konkretisiert. Zugleich ist es eine Grundversuchung spirituellen Lebens, rastlos und restlos in bestimmten Engagements aufzugehen. Spirituelles Leben umfasst auch Zeiten unverzweckten Verweilens. Gott ist um seiner selbst willen interessant. Seine Gegenwart zu suchen und in ihr zu verweilen, ist in sich sinnvoll.

Die Gabe der Geistesgegenwart erschließt sich uns intensiver, wenn wir sie um ihrer selbst willen suchen. Spirituelle Praxis verdreht sich, wenn sie verzweckt wird. Uns von einem solchen Zweckdenken frei zu halten, fällt uns schwer. Es gehört zur Wunde, die langsam heilen kann, wenn wir im Geheimnis der Gegenwart verweilen.

Im Kontext spiritueller Praxis führt Achtsamkeit über zweckorientiertes Denken hinaus. In Gottes Gegenwart zu verweilen, trägt seinen Sinn in sich selbst.

4 Achtsamkeit erkunden

Achtsamkeit erkunden

Zur Einstimmung

Achtsamkeit kennt unterschiedliche Formen. Sie im Einzelnen zu umschreiben und zu unterscheiden, mag an Beschreibungen erinnern, wie wir sie auf Weinkarten guter Restaurants finden. Sie können die Frage hervorrufen: Lassen sich die Feinheiten, die sorgsam aufgezählt und unterschieden werden, auch finden, wenn wir den Wein einmal auf unserer Zunge verkosten? Wie auch immer: Solche Beschreibungen wecken unseren Appetit und unseren Geschmackssinn. Während wir sie lesen, beginnen wir schon, den feinen Tropfen zu schmecken. Haben wir ihn auf der Zunge, vergleichen wir das Beschriebene mit dem, was wir uns vorgestellt haben. Vielleicht nicken wir einander erstaunt zu und sagen: „Tatsächlich, er hat einen leichten Grapefruitgeschmack!“ Hätten wir es nicht gelesen, würden wir es nicht wahrnehmen. Umschreibungen und Unterscheidungen wecken nicht allein die Fantasie, sondern auch die Aufmerksamkeit. Es geht um die feinen Unterschiede, die wir sprachlich nur mit Mühe artikulieren können. Sie helfen uns, das Wesen der Achtsamkeit zu erforschen. Sie laden uns ein, ein uns noch wenig vertrautes Gebiet zu erkunden.

Die folgenden Abschnitte versuchen, verschiedene Aspekte der Achtsamkeit zu umschreiben. Während später von unterschiedlichen Formen der Achtsamkeit die Rede sein wird, geht es im Folgenden um das, was all diesen Formen gemeinsam ist. In welcher Form auch immer Achtsamkeit geübt wird: immer geht es um eine Haltung hellwachen Verweilens, der wohlwollenden Akzeptanz für das, was sich im Hier und Jetzt zeigt, des geduldigen und nicht wertenden Wahrnehmens.

An einem sicheren Ort

Um Achtsamkeit einzuüben, brauchen wir einen sicheren Ort und abgegrenzte Zeiträume. Wir können später die Achtsamkeit auch mit zweckgerichteten Tätigkeiten verbinden. Um sie zu entwickeln, ist es günstig, wenn wir uns ihr ganz widmen können, ohne Zeit- und Handlungsdruck. Der erste Schritt zur Achtsamkeit besteht folglich darin, einen guten und schützenden Rahmen zu suchen.

Wo finden sich solche Orte in meinem Leben? Welche Zeiten eignen sich, um mich auf eine andere Seinsweise einzustimmen? Wann kann ich für einige Momente innehalten und mich dem verheißungsvollen Neuen öffnen, für das uns Achtsamkeit sensibilisiert?

Im Hier und Jetzt

Achtsamkeit heißt: mit ganzer Aufmerksamkeit in die Gegenwart zu kommen und darin zu verweilen. Sind wir ganz präsent, öffnen sich unsere Sinne. Unser Bewusstsein gewinnt die Klarheit eines Sommermorgens in den Bergen.

Mit ganzer Aufmerksamkeit in der Gegenwart zu verweilen, bedeutet zunächst, alle Eigenaktivität auszusetzen: nichts tun, nichts planen, nichts erträumen, keine Probleme im Geist herumzuwälzen. Reine

Wahrnehmung ist mit keinem Tun verknüpft. Sie ist eine wohltuende Distanzierung von jeder Form körperlicher oder mentaler Aktivität. Das ist uns allein dann möglich, wenn wir ganz in die Wahrnehmung kommen: ganz Ohr sind für das, was uns im Hier und Jetzt willkommen heißt.

Achtsamkeit bezeichnet eine Weise des hellwachen Wahrnehmens. Es befreit von absorbierenden Gedanken und ist ganz auf das hier und jetzt Gegenwärtige ausgerichtet.

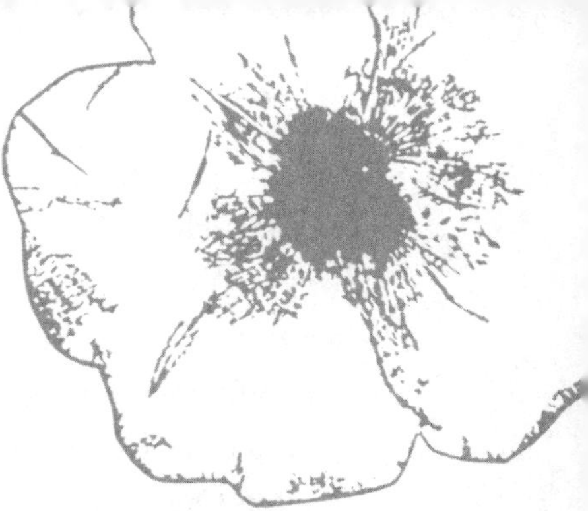

Von Moment zu Moment

Die Brunnenstube der Gegenwart birgt ein Geheimnis und Lebensfülle. Was ihr entquillt, ist von Moment zu Moment neu. Es ist paradox: Solange wir selbst aktiv sind, kommt uns der gegenwärtige Moment ebenso flüchtig wie statisch vor – wie ein Foto, auf dem jede Bewegung eingefroren ist. Werden wir ruhig und beginnen, achtsam im Hier und Jetzt zu verweilen, scheint die Zeit stehenzubleiben. Zugleich verlebendigt sich die Gegenwart. Wir entdecken, dass Heraklit recht hatte und alles im Fluss ist. Was zu ruhen scheint, ist in Wirklichkeit in sanfter Bewegung. Mehr und mehr geht uns auf: Kein Moment ist wie der andere. Jeder entspringt neu der verborgenen Quelle der Gegenwart.

In Achtsamkeit nehmen wir den Fluss der Zeit wie eine Perlenkette wahr. Jeder Augenblick gleicht einer glänzenden Perle, die wir achtsam empfangen, bestaunen und wieder loslassen.

Offen für Neues

Das Wunder der Gegenwart verbirgt sich, wenn wir pausenlos in Aktivitäten verstrickt sind. Verdeckt wird es auch durch Vorstellungen, die wir uns von der Gegenwart machen. Sie hindern uns daran, genau hinzuschauen und uns überraschen zu lassen vom Wunder des Augenblicks. Um unsere Sinne für die Gegenwart zu öffnen, müssen wir uns von den Erwartungsbildern lösen, die unser Geist fortwährend hervorbringt. Unser Blick weitet und vertieft sich, wenn wir unsere Vorstellungen beiseitelassen und achtsam wahrnehmen, was sich uns zeigt. Wir entdecken plötzlich Feinheiten, über die wir bisher achtlos hinweggegangen sind.

Achtsamkeit lebt von der Bereitschaft für neue Erfahrungen.

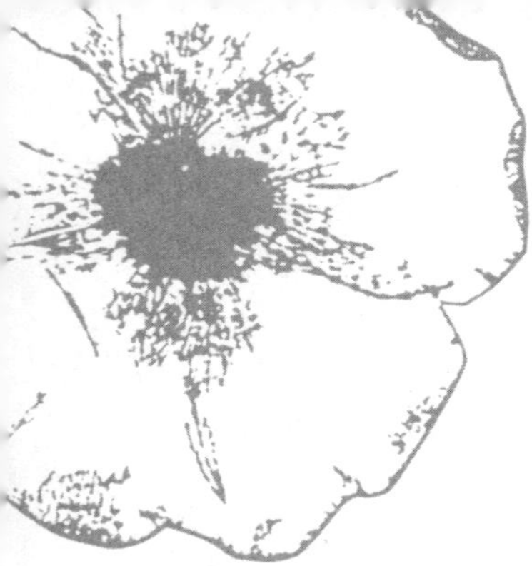

Beachtung schenken

Zu den Vorstellungen, die unseren Blick für die Fülle der Gegenwart trüben, gehört die Meinung, das Unscheinbar-Alltägliche sei uninteressant und langweilig. Spannung und Leben verknüpfen wir gewöhnlich mit intensivem Handeln, mit Action. Wo wir etwas tun, das uns liegt und Freude macht, erleben wir uns in unserer Kraft. Aus solchen Erfahrungen ziehen wir leicht den Schluss, dass Vitalität und Lebensfreude *immer* mit Handeln verbunden ist und Nicht-Handeln das Gegenteil davon bedeutet. Die Orientierung am Handeln verschließt unseren Sinn für das Wunder der Gegenwart, für die Kraft, die wir im Nicht-Tun entdecken könnten. Sie offenbart sich uns erst dann, wenn wir sie beachten.

Achtsamkeit erwächst aus der Erfahrung, dass der gegenwärtige Moment sein unscheinbares Kleid ablegt, wenn wir ihm Beachtung schenken – wie eine Blume, die sich öffnet, wenn sie vom Strahl der Sonne berührt wird.

Geduldig verweilen

In unserem Alltag sind wir an schnelle Rhythmen gewöhnt. In vielen Bereichen unserer Gesellschaft nimmt das Tempo zu. Wir können uns jedoch achtsam entschleunigen, indem wir auf den sanften Rhythmus unseres Atems und unseres Herzens hören. In unseren leiblichen Erleben finden wir einen Anker, der uns aus der Beschleunigungsspirale herausführt.

Sich verlangsamen ist der erste Schritt, in Ruhe zu verweilen der zweite. Auch dies ist anspruchsvoller, als es scheint. Dem in seine Aktivitäten verliebten Geist wird die Gegenwart bald langweilig. Er beginnt unruhig zu werden, entwickelt Fluchttendenzen. Achtsamkeit ist die Kunst, im gegenwärtigen Moment zu bleiben, auch wenn nichts geschieht, was unser Geist als interessant taxiert. Aus der Erfahrung lernen wir, dass es Momente sein können, in denen sich etwas anbahnt. Solches Verweilen bedarf der Geduld mit uns selbst. Mögen wir uns noch so ernsthaft um Achtsamkeit bemühen: sie wird uns nicht ohne Mühe zuteil. Auch wenn sie sich durch Einfachheit auszeichnet, lässt sie sich dennoch nicht einfach aneignen. In geduldigem Üben lernen wir zu empfangen, was wir nicht aus eigener Kraft und Anstrengung zu leisten vermögen.

Geduld ist ein Schlüssel zur Achtsamkeit – und ein Aspekt von ihr. Sie lässt uns verweilen beim Gegenwärtigen, das uns so seinen Reichtum zu offenbaren vermag.

Akzeptanz

Beginnen wir, uns in Achtsamkeit zu üben, kommen wir bald einmal in Kontakt mit dem, was ihr entgegensteht – in uns und um uns herum. Die Ungeduld und Unruhe, die wir meist als erstes wahrnehmen, gleichen einer Fassade. Dahinter verbergen sich gewöhnlich schmerzliche Gefühle: Angst, Groll, Neid, Traurigkeit, Scham usw. Je mehr wir in unseren Aktivitäten aufgehen, desto weniger nehmen wir solche Gefühle wahr. Zerstreuung ist ein wirksames Schmerzmittel. Die achtsame Haltung schafft demgegenüber einen Raum, in dem solche Gefühle hervortreten können. Deshalb gehört zur Übung der Achtsamkeit ein bewusster Umgang mit schmerzlichen Gefühlen. Das Wichtigste dabei lässt sich in einem Wort sagen: Akzeptanz. Schmerzlichem mit Akzeptanz zu begegnen, bedeutet, es an uns herankommen und da sein zu lassen. Bei körperlichen Verletzungen fällt uns das leichter. Denn wir wissen in diesem Zusammenhang sehr genau, dass es nichts hilft, den Schmerz zu verdrängen. Beim emotionalen Schmerz hingegen müssen wir uns aktiver um eine Haltung der Akzeptanz bemühen. Achtsamkeit kann dann wie ein Wundverband wirken, der die verletzte Stelle schützt und sie mit dem Heilsamen in Berührung bringt.

Nur wenn wir dem, was sich uns zeigt, mit Akzeptanz begegnen, können wir es achtsam wahrnehmen. Denn Achtsamkeit bedeutet, etwas wahrzunehmen, ohne es verändern zu wollen.

Nicht werten

Zu den Aktivitäten unseres Geistes, die oft hilfreich sind, jedoch die Achtsamkeit stören, gehören das Bewerten und Beurteilen. Es ist für uns ungewohnt, etwas einfach nur wahrzunehmen und dabei zu verweilen, ohne es zu bewerten. Wir tendieren dazu, alles gleich zu klassifizieren und zu beurteilen: als gut oder schlecht, richtig oder falsch, angenehm oder unangenehm, interessant oder langweilig, sinnvoll oder sinnlos usw. Urteile helfen zur Orientierung. Sie schaffen die Übersicht, die wir für unser Handeln brauchen. Doch filtern sie die Wahrnehmung. Sie blenden viele Aspekte aus. Die bewertende Aktivität geschieht so subtil und leise, dass wir sie gewöhnlich selbst nicht wahrnehmen. Achtsamkeit kann uns dafür sensibilisieren. Einfach wahrzunehmen, was sich uns im Hier und Jetzt

zeigt, lässt uns unseren inneren Kommentator oder Kontrolleur entdecken: Allem klebt er seine Werturteile auf und kommentiert alles, was wir und andere tun.
Wertungen fallen nicht immer negativ aus – doch auch positive Werturteile können Anhaftung erzeugen und aus der reinen Wahrnehmung herausführen. Im Loslassen heißen wir die Gegenwart willkommen und öffnen uns dem Werdenden.

Achtsamkeit ist wertungsfreies Wahrnehmen. Sie lässt sich auch auf ein nicht-wertendes Wahrnehmen unseres Bewertungszwangs ausdehnen.

Vertrauensvoll

Etwas loszulassen, ist ein Akt des Vertrauens. Uns Neuem zu öffnen ebenso. Zu grundlegendem Vertrauen finden wir, wo wir uns getragen, bejaht und beschützt erfahren. Solchen Erfahrungen können wir uns öffnen. Das unbedingt Vertrauenswürdige ist uns möglicherweise näher, als wir ahnen. Vertrauen bildet sich, wo wir achtsam wahrnehmen, was uns trägt und umfängt. Wir können uns einüben ins Loslassen. Learning to Fall, zu fallen lernen, nannte es Philip Simmons, der mit 35 an einer unheilbaren und tödlich endenden Muskellähmung erkrankte – und in der Auseinandersetzung mit Krankheit und Sterben zu einer neuen Einstellung dem Leben gegenüber fand.

Achtsamkeit ist ein Weg des Vertrauens.
Wir lernen, uns fallen zu lassen.

Wohlwollen

In seiner Tiefe erkennen wir nur, was wir lieben. Damit sich uns etwas erschließen kann, müssen wir uns ihm mit Wohlwollen zuwenden. Unsere Mitmenschen widerspiegeln uns die Haltung, mit der wir auf sie zugehen. Begegnen wir ihnen ungeduldig und vorwurfsvoll, so verschließen sie sich. Wenden wir uns ihnen mit Achtsamkeit und Wohlwollen zu, öffnen sie sich uns. Um uns in Wohlwollen einzuüben, beginnen wir am einfachsten mit uns selbst.

Wenn es uns beispielsweise trotz ernsthaftem Bemühen nur schwer gelingt, im Hier und Jetzt zu verweilen, können wir uns zu ärgern beginnen. Wie wäre es demgegenüber, wenn wir unsere unruhige Seele wie einen verängstigten Vogel sanft umfangen und mit leisen Worten beruhigen?

Wohlwollende Zuwendung weckt den achtsamen Blick und schafft ein Klima des Vertrauens – einen Ort der Begegnung.

5 Achtsamkeit und Aufmerksamkeit

Aufmerksamkeit

Zur Einstimmung

Achtsamkeit ist immer mit Aufmerksamkeit verbunden. Doch nicht jede Form von Aufmerksamkeit zeichnet sich durch Achtsamkeit aus. Wir bemerken deutlich, ob uns jemand beobachtet oder ob jemand uns achtsam begegnet. Achtsamkeit ist eine besondere Weise, aufmerksam zu sein. Sie kann sich mit verschiedenen Formen der Aufmerksamkeit verbinden. Das eröffnet ein weites Spektrum an Übungsformen. Versuchen wir, sie zu erschließen!

Geweckte und gelenkte Aufmerksamkeit

Manchmal wird uns achtsame Aufmerksamkeit unvermittelt geschenkt, einfach so. Häufiger ist, dass wir uns um sie bemühen müssen. Schauen wir uns beides genauer an!

Spontan geweckte Aufmerksamkeit

Aufmerksamkeit kann von außen durch etwas geweckt werden, was uns überrascht und in Staunen versetzt. Nach einem langen und beschwerlichen Aufstieg auf einen Berggipfel, bei dem sich unsere ganze Aufmerksamkeit auf den jeweils nächsten Schritt konzentrierte, stehen wir plötzlich auf einem hohen Plateau. Der Blick öffnet sich auf eine atemberaubende Weite. Wir bleiben stehen, verstummen, sind ganz Auge, ganz da in diesem Moment. Die Strapazen des Aufstiegs sind mit einem Schlag vergessen. Solche Gipfelerlebnisse, die uns von selbst in eine achtsame Haltung bringen, sind eher selten. Sie wecken einen Geschmack an diesem Erleben, den Wunsch, es auch im Tal unseres Alltags zu finden. Sie können uns den Weg zu einer achtsamen Lebenshaltung weisen, die uns für einige Momente geschenkt wurde.

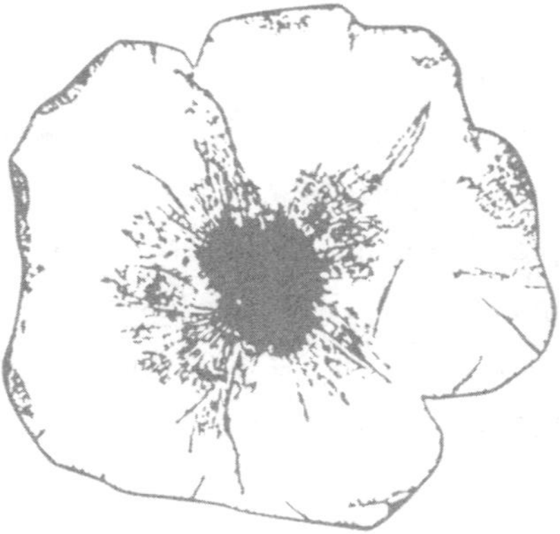

Gelenkte Aufmerksamkeit

Wir brauchen nicht ständig auf hohe Gipfel zu steigen, um zu lebensprägender Achtsamkeit zu finden. Intensive Erlebnisse sind Tore, keine Räume, in denen wir uns einrichten können. Es ist ein zentraler Punkt der Einübung, Indifferenz zu lernen und unsere Aufmerksamkeit bewusst zu lenken. Achtsamkeit braucht keine überwältigenden Ausblicke. Ob das, was sich uns gerade zeigt, erhaben oder unscheinbar ist, beglückend oder schmerzlich, ist nebensächlich. Im regelmäßigen Üben lernen wir, verschiedene Formen von Aufmerksamkeit auszuformen und unterschiedliche Qualitäten der Achtsamkeit wahrzunehmen. Sie werden uns mit der Zeit vertraut und leichter zugänglich. Es braucht dann nur ein kleines Erinnerungszeichen, damit wir in eine achtsam-aufmerksame Haltung finden.

Nicht in jeder Situation ist die gleiche Form von Aufmerksamkeit angesagt und möglich. Manchmal ist es nötig, mit allen Sinnen nach außen gerichtet zu bleiben. In anderen Zeiten können wir die Augen schließen, um ganz Ohr zu sein oder uns nach innen zu wenden. Bei der Einübung ist es sinnvoll, mit verschiedenen Formen der Aufmerksamkeit vertraut zu werden und sie achtsam zu erkunden.

In den folgenden Abschnitten werden die wichtigsten Formen vorgestellt. Die Beschreibungen sind wiederum als Einladungen zu lesen, sich selber auf einen Erfahrungsweg zu machen. Nur in Weinkarten zu lesen, ohne von den verschiedenen Weinen selber zu kosten, wird bald langweilig.

Dabei haben wir mit innerem Widerstand zu rechnen. Unser skeptischer Geist wird, wenn ›er‹ die folgenden Abschnitte liest, ›uns‹ aller Wahrscheinlichkeit nach sagen, dass das alles doch furchtbar langweilig und banal sei. Vom Wein der Achtsamkeit zu trinken, liegt dem analysierenden und planenden Geist fern. Er kann sich an ihm nicht berauschen. Es widerstrebt ihm, davon zu kosten. Aus gutem Grund: verliert er doch – wenn auch nur über einen begrenzten Zeitraum – seine Funktion. Achtsamkeit nährt unsere Seele, lässt unser Denken jedoch unbefriedigt. Es bietet keine interessanten Inhalte und Probleme, die unser Geist zergliedern und weiterspinnen kann. Das Denken läuft ins Leere. Diese Leere und das damit verbundene Ungenügen unserer Denkkraft auszuhalten, gehört zur Kunst der Achtsamkeit.

Nähe und Distanz

In der Einübung von Achtsamkeit formen wir unsere Aufmerksamkeitshaltung in einer Weise, die der Feinabstimmung eines Foto-Objektivs gleicht. Wir können Dinge nahe heranzuholen, sie aber auch in die Ferne rücken. Eine achtsame Geisteshaltung hilft, mit bestimmten Wirklichkeiten in Kontakt zu treten und uns von anderen zu distanzieren. Beides kann hilfreich sein. Erkunden wir diese beiden Möglichkeiten! Die folgenden Abschnitte geben dazu einige Hinweise.

Heilsame Nähe

Wir können das, was wir achtsam betrachten, nahe an uns herankommen lassen. Es gibt Wirklichkeiten, denen wir intensive Aufmerksamkeit schenken möchten, weil wir merken: Was wir wahrnehmen, zentriert und öffnet uns. In achtsamem Verweilen entfaltet sich diese Wirkung wie der Duft des Weihrauchs in einem sakralen Raum. Durch achtsame Annäherung gewinnt das Gegenwärtige an heilsamer Intensität und Kraft. Es erschließt sich wie eine Landschaft, die langsam aus dem Nebel auftaucht. Es zeigt sich uns für kostbare Momente wie ein scheues Reh.

Heilsame Distanz

Nicht immer übt das, was unsere Aufmerksamkeit weckt, eine wohltuende Wirkung auf uns aus. Manchmal machen wir die Erfahrung: Was unsere Aufmerksamkeit auf sich zieht und ankettet, drückt uns nieder und verwirrt uns. Wir kreisen um Sorgen, unangenehme Erinnerungen, um dunkle Löcher. Die Achtsamkeit ermöglicht hier heilsame Distanzierung. Lenken wir unsere Aufmerksamkeit auf die mentalen Prozesse, die in uns ablaufen, so können wir Gedanken als Gedanken wahrnehmen. Wir lernen zwischen Gedanken und Wirklichkeit zu unterscheiden. Diese Form von Achtsamkeit ist beobachtend und objektivierend. Als Beobachter/innen registrieren wir, was in uns oder um uns geschieht, ohne uns darin emotional zu verwickeln. Es macht die Attraktivität der Beobachterperspektive aus, dass sie eine eigene, zurückhaltende

Form von Emotionalität in sich birgt. Sie vermittelt uns Sicherheit und gelegentlich auch Heiterkeit. In diese Sichtweise zu wechseln, kann uns helfen, Dinge loszulassen, die uns bedrängen. Es bedeutet einen Gewinn an innerer Freiheit, wenn wir entdecken, dass wir gegenüber dem, was uns bedrängt, durch achtsame Selbstbeobachtung in innere Distanz treten können.

Achtsamkeit bewegt sich zwischen einer Haltung intensiver Anteilnahme und des distanzierten Blicks eines unparteiischen Beobachters.

Fokussierte und weite Aufmerksamkeit

Durch den Vergleich mit einem Kameraobjektiv lässt sich auch der Unterschied zwischen einer fokussierten und einer nicht fokussierten Form von Aufmerksamkeit veranschaulichen. Während erstere einem Zoom gleicht, so letztere einem Weitwinkelobjektiv. Man kann sie deshalb als ›weite‹ Aufmerksamkeit beschreiben. Die fokussierte Aufmerksamkeit richtet sich auf ein begrenztes Feld des Gewahrseins, die weite kennt keine solche Eingrenzung. Beide Formen haben ihre je besonderen Erlebnisqualitäten, die wir achtsam erkunden und verkosten können. Für die Einübung ist es sinnvoll, sie zunächst einzeln zu erforschen.

Mit der Zeit werden wir erfahren, dass sie sich ergänzen und dass wir zwischen ihnen hin- und herwechseln können.

Fokussierte Aufmerksamkeit

Die fokussierte Aufmerksamkeit ist gebündelt und verankert: auf ein sinnlich wahrnehmbares Objekt, auf unseren Leib, auf die Bewegung des Atems oder auf mentale Prozesse. Die klare Begrenzung des Aufmerksamkeitsfelds ist entscheidend. Sie ermöglicht ein vertieftes und genaues Wahrnehmen. Im Verweilen verfeinert sich der Blick oder das Gespür für das, was jetzt da ist. Wir öffnen uns dem, was uns entgegenkommt aus dem gegenwärtigen Moment. Die weiter unten beschriebenen ›Instrumente der Achtsamkeit‹ basieren zur Hauptsache auf dieser Form der Aufmerksamkeit.

Weite Aufmerksamkeit

Ganz anders die weite Aufmerksamkeit. Sie entspricht etwa dem, was Sigmund Freud ›gleichschwebende Aufmerksamkeit‹ nannte. Während die fokussierte Aufmerksamkeit sich auf etwas richtet, ist die weite an kein bestimmtes Objekt gebunden. Sie ist reine Offenheit für Gegenwärtiges, ohne sich auf etwas Einzelnes zu richten. Auch diese Form der Aufmerksamkeit führt in die Präsenz und lässt uns hellwach wahrnehmen, was jetzt da ist. Die Fülle, die sie erschließt, vermittelt eine andere Erlebnisqualität. In ihr zeigt sich uns stärker der Zusammenklang und die Vielschichtigkeit unseres sinnlichen und mentalen Erlebens. Sie weckt den Sinn fürs Hintergründige, für bisher unbeachtete Neben- und Untertöne. Simone Weil beschreibt die weite Aufmerksamkeit mit dem Blick, den wir auf einem Berggipfel in die Weite schweifen lassen.

Die Wälder und Täler bleiben dabei am Rand unseres Bewusstseins. Wir verweilen in einer Erlebnisganzheit, in der keine Einzelwahrnehmungen mehr unsere Aufmerksamkeit fesseln. Sie ruht ›gleichschwebend‹ bei allem, was sich uns im jetzigen Augenblick vergegenwärtigt.

Fokussierte und weite Aufmerksamkeit sind zwei Weisen, achtsam im Hier und Jetzt zu verweilen. In fokussierter Aufmerksamkeit ergründen wir die Tiefe der Gegenwart, in weiter Aufmerksamkeit erkunden wir ihre Vielschichtigkeit.

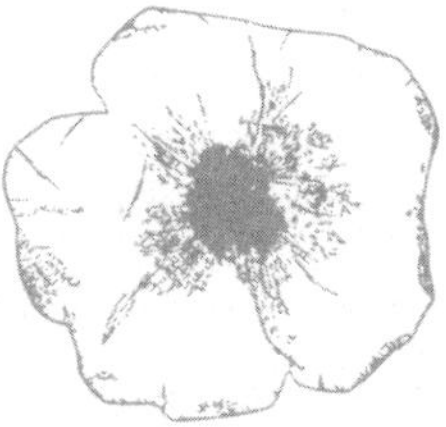

Außen- und innengerichtete Aufmerksamkeit

Die Reise des achtsamen Wahrnehmens führt nach außen und nach innen. In der eben beschriebenen Form weiter Aufmerksamkeit verbindet sich beides miteinander: die Offenheit gegenüber der sinnlich wahrnehmbaren Wirklichkeit und die introvertierte Öffnung gegenüber der Wirklichkeit unseres Geistes.

Verschränkung von Innen und Außen

In einer achtsamen Haltung können sich außen- und innengerichtete Aufmerksamkeit miteinander verschränken. Nicht nur in der leiblich-sensorischen Selbstwahrnehmung finden sie zusammen: Selbst die Wahrnehmung unserer mentalen Wirklichkeit ist von sinnlichen Erlebnisqualitäten geprägt. Das macht die Rede von den ›inneren Sinnen‹ sinnvoll. In unserem Geist ›sehen‹ wir Bilder. Wir ›hören‹ Stimmen und Melodien. Auch Ungegenständliches nehmen wir in unserem Geiste wahr: Gefühle, Stimmungen, Ahnungen und anderes mehr. Innere Worte, Einsichten und Anmutungen lassen sich ›verkosten‹. Sie gewinnen durch solches ›Nachspüren‹ an Reichtum und Dichte, ähnlich wie sinnliche Gegenstände.

Das Aufmerksamkeitsspektrum ausloten

In den in der vorliegenden ›Einladung zur Achtsamkeit‹ beschriebenen Formen von Achtsamkeit steht jeweils ein Aspekt des weiten Spektrums von außen- und innengerichteter Aufmerksamkeit im Vordergrund. Es trägt zur differenzierten Ausformung der Achtsamkeit bei, wenn wir das ganze Spektrum ausloten. Wir werden so vertraut mit verschiedenen Qualitäten von Aufmerksamkeit und lernen, sie bewusst miteinander zu verbinden. In anspruchsvollen Begegnungssituationen kann es beispielsweise hilfreich sein, die nach außen gerichtete Aufmerksamkeit mit dem Achten auf die eigenen Gedanken und Gefühle zu verbinden. Wir erschließen uns auf diese Weise neue Spielräume des bewussten Uns-Verhaltens zu äußeren Ereignissen und eigenem Erleben. Das macht uns freier von automatisierten Reaktionsweisen.

Achtsamkeitsübungen können ›außen‹ bei den Sinnen oder ›innen‹ bei mentalen Prozessen ansetzen. Außen- und innengeleitete Aufmerksamkeit verbinden sich, wenn wir lernen, sie zu unterscheiden.

Reine und handlungsbezogene Aufmerksamkeit

Das vorliegende Buch widmet sich vorwiegend der ›reinen‹ Aufmerksamkeit. Ihr Kennzeichen ist, dass sie nicht mit zweckgerichteten Tätigkeiten einhergeht. Das bedeutet: jede Aktivität zu lassen und ganz in der Wahrnehmung verweilen. Dies ist uns so ungewohnt, dass eine solche Haltung der besonderen Einübung bedarf. Einmal entdeckt und erschlossen, können wir sie dann auch im Alltag kultivieren und sie mit Handlungsvollzügen verbinden. Auf diese Weise vermag sie nach und nach zur lebensprägenden Haltung werden. Verweilen wir deshalb einen Moment lang bei der handlungsbezogenen Form der Aufmerksamkeit!

In allem eine innere Stille wahren

Meister Eckhart sieht die spirituelle Reifestufe in der tätigen Marta, die ganz bei ihrer Arbeit sei, ohne sich darin zu verlieren (Lukas 10,38-40). Er nennt Marta ›wesenhaft‹: Sie sei frei zu wirken und frei gegenüber ihren Werken.

Eine ähnliche Haltung findet sich auch in der Lebensregel Frère Rogers: »Wahre in allem eine innere Stille!« Das bedeutet: in allem Tun eine innere Freiheit zu bewahren, eine Offenheit für das, was uns in allem Tun und jenseits davon geschenkt wird. Wir können entdecken, dass eine solche ›innere Stille‹ unser Wirken nicht vermindert, sondern ihm förderlich ist. Wir arbeiten und kommunizieren gelassener. Was wir tun, gewinnt an Farbe. Wir lassen uns stärker überraschen von dem, was sich in unserem alltäglichen Wirken einstellt, was uns zufällt.

Achtsames Tun als spirituelle Übung

Sowohl bei Meister Eckhart wie bei Frère Roger steht die eben beschriebene Grundhaltung in einem spirituellen Kontext. Marta ist in den Augen Eckharts die vorbildliche Gestalt einer Jüngerin Jesu. Ihre Bereitschaft, sich zu verschenken, lebt aus seinem Geist. Auch die zitierte Lebensregel Frère Rogers ist vor diesem Hintergrund zu verstehen. Sie lautet vollständig: »Wahre in allem eine innere Stille, um in Christus zu bleiben.«

Auch wo der spirituelle Deutungshorizont nicht ausdrücklich ins Spiel kommt, ist achtsames Tun als spirituelle Übung zu betrachten. Achtsamkeit öffnet unser Tun – oder besser: uns in unserem Tun – auf ein anderes hin, das nicht in unserer Verfügungsmacht steht. Obwohl tätig, verweilen wir in Ruhe, sind verankert in einer Mitte, die sich uns schenkt.

In ›reiner‹ Aufmerksamkeit verweilen
wir ganz im achtsamen Wahrnehmen,
in handlungsbezogener Aufmerksamkeit
üben wir uns in achtsamem Tun.

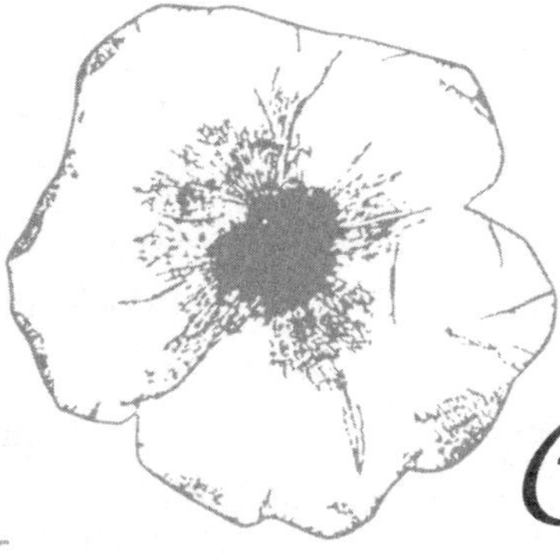

6

Instrumente

Instrumente der Achtsamkeit

Zur Einstimmung

Um die beschriebenen Formen der Achtsamkeit zu erkunden, haben wir verschiedene Übungsinstrumente zur Verfügung: besonders die Sinne und der Atem eignen sich dafür, aber ebenso unsere Empfindungen, Gefühle, Träume und Gedanken.

Was etwas zu einem Instrument der Achtsamkeit macht, ist eine besondere Möglichkeit, unsere Aufmerksamkeit zu fokussieren. Wir können unsere Aufmerksamkeit für eine kürzere oder längere Zeit ganz auf unser sinnliches Erleben richten, auf unseren Atem, unseren Leib, auf unsere Gedanken, Fantasien und Gefühle. Dabei machen wir unterschiedliche Erfahrungen. Während die Ausrichtung auf Atem, Leib und Sinne uns hilft, uns im Konkreten zu verankern, trägt das achtsame Wahrnehmen von Gedanken, Gefühlen und Fantasien dazu bei, uns von ihnen zu distanzieren. Alle genannten ›Instrumente‹ tragen auf ihre Weise dazu bei, unsere Fähigkeit zur Achtsamkeit auszubilden. Mit ihnen vertraut zu werden, lässt uns in bewussten Kontakt kommen mit den verschiedenen Dimensionen unseres Daseins. Wir lernen sie voneinander zu unterscheiden und miteinander zu verbinden.

Einige der in den folgenden Abschnitten vorgestellten Erkundungsgänge haben eine lange Geschichte hinter sich. Andere wurden erst in jüngerer Zeit entwickelt.

Unser Alltagserleben ist meist synästhetisch: Wir nehmen mit verschiedenen Sinnen gleichzeitig wahr. Die oben beschriebene weite Aufmerksamkeit intensiviert dieses synästhetische Erleben. Wir verweilen bei dem, was wir in diesem Moment wahrnehmen, ohne unseren Geist auf etwas Bestimmtes zu richten. In den folgenden

Abschnitten geht es hingegen vorwiegend um fokussierte Formen sinnlicher Wahrnehmung. Wir sammeln unsere ganze Aufmerksamkeit auf einen Sinn und erforschen achtsam seine Qualitäten und Dimensionen.

Sehen

Die besondere Weise des Sehens, die sich durch eine achtsame Haltung ausbildet, lässt sich auch von außen wahrnehmen. Man erkennt den ruhigen und verweilenden Blick. Achtsame Schau unterscheidet sich deutlich vom flüchtigen Umherblicken und vom fixierten Starren. Achtsamkeit lässt unseren Blick verweilen, nimmt ihm seine Starre. Sie öffnet ihn für Unscheinbares und befreit uns von einem Tunnelblick, der nur sieht, was er begehrt oder befürchtet. Achtsame Schau bewegt sich diesseits von gewohnten Vorstellungsrastern. Wir vermögen sehend viele feine Unterschiede wahrzunehmen, die wir sprachlich nur mit großer Mühe zu artikulieren vermögen. Um in ein achtsames Schauen hineinzufinden, müssen wir unsere Sehgewohnheiten zurücklassen und uns auf die Wirklichkeit einlassen, die unsere Interpretationen und Schematisierungen übersteigt. Versuchen wir für eine bestimmte Zeit, ganz bewusst bei den primären Sehqualitäten zu verweilen: bei den feinen Nuancen von Farben und Formen, beim Wechselspiel von Vorder- und Hintergründigem, von Ferne und Nähe. Wenn wir merken, dass unser Geist das Wahrgenommene zu symbolisieren und klassifizieren beginnt, kehren wir einfach zu diesem elementaren Sehen zurück. Mit der Zeit wird sich uns dabei eine eigentümliche Freude am Schauen und am Geschauten erschließen, eine ›Schaulust‹ besonderer Art, die von Staunen durchwirkt ist.

Achtsames Schauen bringt uns in Kontakt mit einer Wirklichkeit, die wie frisches Gras unter dem Laub unserer Vorstellungen und Deutungen liegt.

Hören

Ganz Ohr zu sein, fällt uns oft schwer. Die ›Hörwelt‹ ist im Vergleich zur ›Sehwelt‹ von unscheinbarerer Natur. Zugleich bereitet es uns beim Hören weniger Mühe, auf einer vorinterpretativen Ebene des Wahrnehmens zu verweilen. Vieles, was wir hören, ist Geräusch, dem keine Bedeutung abzugewinnen ist. Bei geformten Klängen – bei Stimmen, Signalen oder Musik – hebt sich die sinnliche Dimension deutlich ab von der sinnhaften Ebene der Bedeutung. Vom Musikhören sind wir gewöhnt, auf sinnliche Hörqualitäten, auf feine Unterschiede, auf Ober- und Nebentöne zu achten. Mit gleicher Aufmerksamkeit können wir uns auch ungeformten Geräuschen zuwenden. Wer hat nicht schon dem Wind, dem Vogelgesang, dem Prasseln des Feuers, dem Plätschern eines Brunnens und dem Murmeln oder Tosen eines Baches nachgelauscht? Um zu achtsamem Lauschen zu finden, ist es manchmal hilfreich, die Augen schließen. Unabgelenkt durch Sichtbares geht uns eine dynamische und vielschichtige ›Hörwelt‹ auf. Manche Geräusche kommen und gehen, andere brechen herein und verschwinden dann plötzlich wieder. Sie schwellen an und verebben. Oder sie bilden, wie der leise Ruf eines Vogels, eine dezente Klangkulisse, die eine geheimnisvolle Stille hörbar macht.

Achtsamem Lauschen öffnen sich der Reichtum von Klängen und die geheimnisvolle Tiefe der Stille.

Tasten

Im Gegensatz zum Gehör lebt der Tastsinn von minimaler motorischer Aktivität. Feingefühl entwickelt sich durch ein häufiges und bewusstes Ertasten. Dazu bedarf es günstiger Bedingungen. Unser Tastsinn ist temperaturempfindlich. Bei zu großer Hitze oder Kälte verlieren sich die feinen Unterschiede. Im Tastsinn verschränken sich Berühren und Berührt-Werden. Er ermöglicht uns, mit unserer Um- und Mitwelt und mit uns selbst in Kontakt zu treten und in Berührung zu bleiben. Meist geschieht das halb- oder unbewusst. Die ›Fühlwelt‹ ist für viele eine Wirklichkeitsdimension, die einem kaum erschlossenen Naturreservat gleicht. Das macht sie für die Einübung der Achtsamkeit besonders interessant. Um diesen Sinn zu wecken, können wir unser Wahrnehmungsgedächtnis und unsere Vorstellungskraft befragen: Wie fühlt es sich an, an einem Frühlingsmorgen einen Tautropfen, der an einem Grashalm hängt, in die hohle Hand zu empfangen? Erinnern Sie sich an das Gefühl, das sie hatten, als Sie mit kleinen Kinderhänden ihren Wellensittich sanft aus seinem Käfig holten? Haben Sie schon einmal die Hand eines Sterbenden gehalten, seinen Kampf und sein Loslassen-Können gespürt? Wie wird es sich anfühlen, wenn wir selber einmal in dieser Situation sein werden und unsere Hand in die Hand von jemandem legen, der uns in den letzten Stunden unseres Lebens begleiten wird? Wie fühlt es sich an, wenn Sie heute ihrem Lebenspartner, ihrem Kind oder einem nahestehenden Menschen die Hand auf die Schulter legen? Wie kommen wir in Kontakt mit fremden Menschen?

Wir können uns vornehmen, bei unserem alltäglichen Tun bewusst darauf zu achten, mit welchen Menschen und Gegenständen wir in Berührung kommen. Versuchen wir, einen Moment in der Berührung zu verweilen: Wie fühlt es sich an? Welche feinen Unterschiede nehmen wir wahr? Was lässt uns im Kontakt bleiben? Was verhindert ihn?

Die achtsame Kultivierung des Tastsinns vertieft das Feingefühl für unsere Um- und Mitwelt. Sie lässt uns auch entdecken, dass das Berührtwerden unserem Berühren vorausgeht und es begleitet.

Riechen

Durch seine Verbindung mit dem Atem ist unser Geruchssinn in besonderer Weise mit den spirituellen Grundübungen der Achtsamkeit verbunden. Tauchen wir achtsam in die Welt der Gerüche ein, so verwandelt sich unsere Umwelt unversehens in einen orientalischen Basar. Was neutral schien, beginnt zu duften. Nicht nur die vielschichtige Mischung von Gerüchen in einer Bäckerei oder einer Metzgerei nehmen wir intensiver wahr, sondern auch unauffälligere Geruchslandschaften. Sie unterscheiden sich manchmal von Straße zu Straße, von Wohnung zu Wohnung, von Büro zu Büro. Krankenhäuser, Bahnhöfe und Kaufhäuser bergen andere Geruchswelten als Kirchen oder Bibliotheken. Wer in Zürich die Niederdorfstraße entlang geht oder in einer ländlichen Gegend einen Bauernhof passiert, kann innerhalb von wenigen Metern mehrere Geruchszonen durchwandern. Täglich durchqueren wir unterschiedliche Duftwelten. Auch wenn wir nicht besonders darauf achten, vermitteln uns Gerüche wichtige Informationen. Manchmal liegt etwas in der Luft, was uns vorsichtig handeln lässt. Manchmal wittern wir einen Lösungsweg.

Mögen sich auch unangenehme Gerüche darunter mischen: Unsere Lebenswelt ist überraschend duftreich und oft auch aromatisch. Sie riecht im Winter anders als im Sommer, im Frühling anders als im Herbst. Viele Düfte bleiben unbeachtet und erreichen unsere Bewusstseinsschwelle nicht. Dass sie unser Handeln dennoch beeinflussen, macht sie nicht nur für Werbestrategen interessant. Auf manche Düfte werden wir aufmerksam, weil sie uns an ungewohntem Ort oder mit einer besonderen Quali-

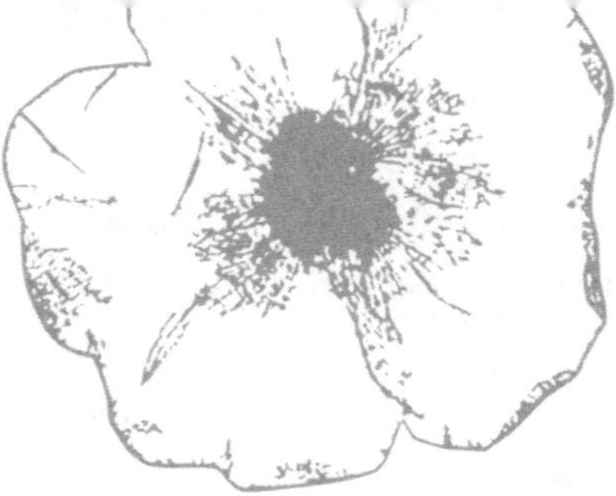

tät entgegenkommen. Etwa dann, wenn mitten in der Stadt plötzlich ein ganzes Wohnquartier von einer süßen Duftwolke durchdrungen wird. Es dauerte eine Zeit bis wir den großen Lindenbaum entdeckten, der im Frühsommer einen Hauch von Landleben in die Stadt trägt.

Wenn wir unsere Aufmerksamkeit dem Geruchssinn zuwenden, stoßen wir auf sein erstaunliches Gedächtnisvermögen: Der feucht-modrige Geruch des Mostkellers meines Großvaters ist mir bis heute in lebhafter Erinnerung geblieben. Er vermag es, die Vergangenheit neu Gegenwart werden zu lassen. Gelegentlich wecken ähnliche Kellerräume meine Erinnerung. Einen Moment lang meine ich, den gleichen Duft wiederzufinden. Jedes Mal stelle ich nach kurzer Zeit fest: Es riecht doch anders als in der Zeit, in der ich mit kindlichen Beinen in diesen Keller hinunterstieg, um frischen Apfelmost aus großen Holzfässern zu trinken. Dennoch: Die spontane Erinnerung lässt ein Stück Vergangenheit wiedererstehen. Der Duft einer vergangenen Welt durchdringt die Gegenwart und schenkt ihr einen Hauch von Ewigkeit.

Paart sich unser Geruchssinn mit Achtsamkeit, wird er mitten im Alltag zum Tor für eine transzendente Wirklichkeit.

Schmecken

Um die Übung der Achtsamkeit in unseren Alltag einzubetten, bietet der Geschmackssinn besonders attraktive Möglichkeiten: die Lust und Freude beim Essen und Trinken. Dass die erlebnisintensivierende Auswirkung der Achtsamkeit in diesem Zusammenhang bisher nicht stärker entdeckt wurde, ist merkwürdig. Wir wenden zwar oft beträchtliche Mühe auf, um genau das essen zu können, was uns am besten schmeckt. Doch dem Augenblick, in dem wir es verkosten könnten, schenken wir oft wenig Aufmerksamkeit. Drei ›Gifte‹ verkleben unseren Geschmackssinn: Gier, Hast und Gedankenlosigkeit. Dem Gierigen fehlt es ebenso an Genussfähigkeit wie demjenigen, der in sich versunken oder hastig sein Essen in sich hineinschlingt. Solche Unachtsamkeit wird gesellschaftlich begüns-

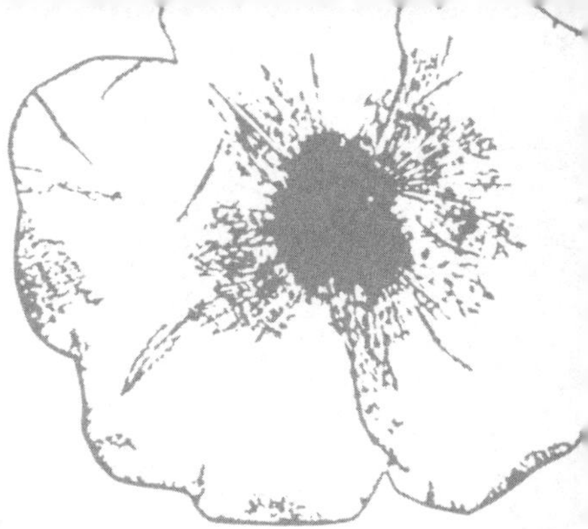

tigt. Unser hohes Lebenstempo lässt langsames Essen als Luxus erscheinen. Beschleunigte Lebensrhythmen führen zu Unruhe und Nervosität, die sich in unseren Essgewohnheiten niederschlägt. Noch mehr als in den bisher betrachteten Bereichen braucht es in diesem Zusammenhang eine bewusste Entscheidung zur Achtsamkeit. Askese heißt heute: sich Zeit zu nehmen für elementare sinnliche Freuden. Es ist Ausdruck von Dankbarkeit und Wertschätzung, sein Essen achtsam zu verkosten. Das kann schon bei der Zubereitung beginnen, bei der alle Sinne beteiligt sind. Das Kochen bietet etwas fürs Auge und fürs Ohr. Auch die tastenden Hände und die Nase sind mit im Spiel – und nicht zuletzt die Zunge, mit der wir das Ganze von Zeit zu Zeit abschmecken.

Achtsames Verkosten macht auch ein einfaches Mahl kostbar und köstlich. Über den Geschmackssinn vertiefen wir unseren Geschmack am geschenkten Leben.

Atem

Die achtsame Wahrnehmung des Atems gehört auf vielen spirituellen und therapeutischen Wegen zu den grundlegenden Praktiken, die als erstes eingeübt werden. Die vitale Bedeutung und die besonderen Qualitäten des Atems legen eine solche Zentralstellung nahe. Solange wir leben, atmen wir. Unser Atem erfüllt nicht allein eine organische Grundfunktion, sondern ist auch ein zentrales Moment unserer Selbstwahrnehmung und unseres Selbstausdrucks. Am Atem zeigt sich, wie es um uns steht. Stress und Müdigkeit, Hast und Gelassenheit spiegeln sich in der Bewegung unseres Atems ebenso wie die Feinheiten unserer Stimmungen und Gefühle. Der Atem verbindet den bewussten Bereich unseres Lebens mit dem vor- und unterbewussten.

Richten wir die Aufmerksamkeit auf ihn, treten wir in Kontakt mit uns selbst als vielschichtige leibseelische Wesen.
Die Aufmerksamkeit kann sich auf unterschiedliche Aspekte des Atems richten:

- auf die durch unsere Nase und Atemwege ein- und ausströmende Luft, die beim Einatmen kälter, beim Ausatmen wärmer ist;
- auf den elastischen Rhythmus der Atembewegung: Ausatmen – Pause – Einatmen – Pause – Ausatmen;
- auf die Atemräume mit ihren besonderen Qualitäten (Brust-, Bauch- und Beckenbereich);
- auf den feinen Wechsel von Spannung und Entspannung, den die Atembewegung mit sich bringt und die unsere ganze Leiblichkeit umfasst.

Die fokussierte Aufmerksamkeit auf einzelne Aspekte des Atems können wir von Zeit zu Zeit öffnen auf die weite Aufmerksamkeit für das Zusammenspiel verschiedener Momente.

Achtsam beim Atem zu verweilen, fällt uns an einem sicheren Ort im ruhigen Sitzen, Stehen oder Liegen am leichtesten. In der Stille entwickelt, wird achtsames Atmen im Alltag zu einem Anker der Entschleunigung und Zentrierung. Mit der Zeit wird es uns auch mitten in angespannten Situationen möglich werden, unsere Aufmerksamkeit für kurze Momente auf unseren Atem zu lenken und so unsere Achtsamkeit zu wecken. Gelingt es uns, auf diese Weise die innere Ruhe zu bewahren, werden wir auch unter Stress bedacht entscheiden und handeln. Wenn wir stetig an etwas arbeiten, können wir unsere Tätigkeit von Zeit zu Zeit bewusst durch Drei-Minuten-Atempausen unterbrechen. Wenn wir mit ganzer Aufmerksamkeit auf unseren Atem zu lauschen vermögen, entstehen mitten im Alltag kleine Oasen der Stille, von denen wir erfrischt zu unsern Aufgaben zurückkehren.

Der Atem durchdringt die verschiedenen Dimensionen und Bereiche unseres Lebens. Verweilen wir mit unserer Aufmerksamkeit bei ihm, bringen wir Achtsamkeit ins Zentrum unseres Lebensvollzugs.

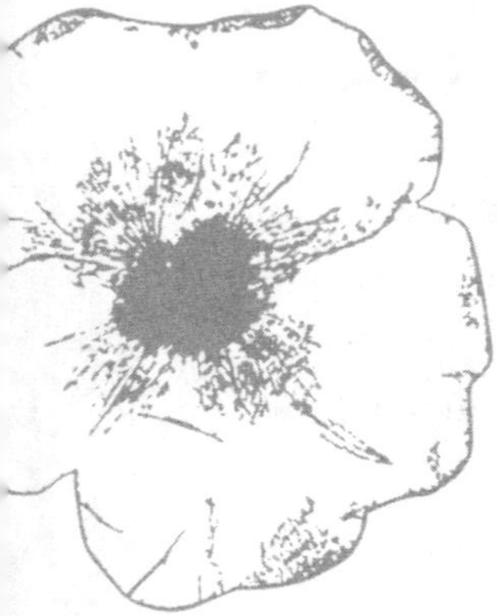

Leib

Durch das achtsame Atmen lenken wir unsere Aufmerksamkeit auf unser leibliches Dasein. Was unser Lebensgefühl untergründig prägt, tritt in den Fokus unser Aufmerksamkeit. Ohne dass wir uns dessen meist bewusst sind, grundiert die leibliche Selbstwahrnehmung unser bewusstes Selbsterleben. Das eigenleibliche Spüren bildet die vorreflexive Stufe unseres Bewusstseins, das sich gerade so für anderes zu öffnen vermag. Alles, was wir wahrnehmen, erleben wir aus einer leiblich-sinnlichen Perspektive. Sogar mentale Aktivitäten wie das Lösen einer Kopfrechnung oder das Planen einer Reise sind von leiblichen Empfindungen durchdrungen. Wir erleben unsere Welt und uns selbst als leibliche Wesen. Das Lebensgefühl, das sich dabei ausbildet, prägt unseren Alltag.

Die Sammlung der Aufmerksamkeit auf unser leibliches Selbst- und Welterleben hat einen großen Effekt. Sie holt uns ins Hier und Jetzt, in ein ungeteiltes Dasein. Eine solche durch Achtsamkeit erschlossene leibliche Selbstpräsenz trägt dazu bei, unseren unruhigen Geist in der Gegenwart zu verankern. Unser Leib kann zum stabilisierenden Gefäß für das wogende Meer von Gedanken und Gefühlen werden.

Lenken wir unsere Aufmerksamkeit auf das leibliche Empfinden, lernen wir den vertraut-unvertrauten (Hinter-)Grund unseres Selbst- und Welterlebens deutlicher wahrzunehmen. Für die konkrete Einübung gibt es verschiedene Wege. Am Anfang steht die achtsame Fokussierung unserer Aufmerksamkeit. Wenn wir ruhig sitzen oder liegen, können wir zum Beispiel versuchen, mit feinem Spürsinn die Sitz- oder Auflageflächen wahrzunehmen. Von zentraler Bedeutung ist es, bei den Empfindungen, die sich uns allmählich zeigen, geduldig zu verweilen. Aufmerksamkeitsweckende Fragen können dies unterstützen:

- Was zeigt sich mir an Empfindungsqualitäten?
- Wie verändern sie sich, wenn ich länger bei ihnen verweile?
- Wie spielen diese Empfindungsqualitäten ineinander?

In einem zweiten Schritt können wir unsere Aufmerksamkeit auf das mit unserer Leiblichkeit verbundene Schweregefühl richten. Meist empfinden wir unseren Leib bei wachsender Entspannung zunehmend als schwerer:

- Wie empfinden wir diese Schwere?
- Können wir die Ruhe und Wärme, die sich mit ihr einstellen, auskosten und noch intensiver wahrnehmen?

– Wie erleben wir uns in unserer leiblichen Gestalt, wenn wir neu in Bewegung kommen, uns strecken und recken?

Wie bei allen anderen Achtsamkeitsübungen geht es nicht um ›schöne‹ Gefühle. Achtsames Hinspüren sensibilisiert uns auch für Anspannungen, Verspannungen und Schmerzpunkte, die wir bisher nicht wahrgenommen haben und die uns unangenehm sind. Es ist gut, sie hellwach, bewusst und wohlwollend wahrzunehmen. Wir können versuchen, ihnen mit Akzeptanz und Geduld zu begegnen und sie zu bejahen als Teil unseres leiblichen Daseins. Es trägt unausweichlich Spuren unserer spannungsreichen Welt.

Wachsende Achtsamkeit für unser leibliches Dasein lässt die Tiefenschicht unseres Erlebens hervortreten und durchlichtet sie.

Gedanken

Dass auch unsere Gedanken Instrumente für die Übung der Achtsamkeit darstellen, mag überraschen. Denn ist die Flut unkontrollierbarer Gedanken nicht das Hauptproblem auf dem Weg zur Achtsamkeit? Zweifellos. Doch das Problem kann zur Lösung beitragen. Die Einübung der Achtsamkeit besteht hier aus zwei Schritten:

– Gedanken als Gedanken wahrnehmen
– Aus mentalen Prozessen heraustreten

Gedanken als Gedanken wahrnehmen

Erst wenn wir lernen, den Strom unserer Gedanken achtsam als solchen wahrzunehmen, können wir uns von ihm distanzieren. Zwar vermögen wir diesen unruhigen Strom nicht anzuhalten. Doch können wir uns zu ihm verhalten. Mag der farbige Fluss unserer Gedanken und Fantasien uns immer wieder neu mit sich ziehen: Wir können lernen, aus ihm auszusteigen und ihn gleichsam vom Ufer aus zu beobachten. Wenn Menschen zu sich sagen: „Was hab' ich nur für Gedanken!" und dabei eine schnelle Handbewegung machen, als wollten sie ihre Gedanken wie lästige Fliegen vertreiben, ist das eine spontane Form der Selbstunterscheidung vom eigenen Denken, wie sie in einer bewussten Achtsamkeitspraxis zentral ist. Leider lassen sich unsere Gedanken meist nicht verscheuchen. Der Weg der Achtsamkeit führt wiederum über das genaue Wahrnehmen. Es schafft innere Distanz, wenn wir Gedanken als das wahrnehmen, was sie sind: Gedanken. In der Regel nehmen wir sie für bare Münze. Wir sehen die Welt durch ihre Brille. Es bedeutet eine große Entlastung, zu entdecken, dass Gedanken nichts anderes sind als das: Gedanken – keine Wirklichkeiten.

Aus mentalen Prozessen heraustreten

Um aus mentalen Prozessen herauszutreten, kann uns unsere Imaginationskraft zur Hilfe kommen. Wir können, wie es der Mystiker Heinrich Seuse einmal formulierte, »Bilder mit Bildern austreiben«. Es gibt Vorstellungen, die uns helfen, aus der in sich abgeschlossenen Welt unseres Denkens auszusteigen. Beispielsweise das bereits verwendete Bild des »Gedankenstroms«, das uns umgangssprachlich vertraut ist und sich schon deshalb besonders nahe legt. Aus einem Strom können wir »aussteigen«. Er lässt sich von außen, vom Ufer beobachten. Wir können Ihn an uns vorüberziehen lassen. Oder ein anderes Bild: ein »Aquarium« mit vielen bunten Fischen, das wir von außerhalb bestaunen. Nicht jedes Bild passt gleich gut zu unseren jeweiligen Gedankenwelten. Manche mentalen Zustände gleichen eher einem »aufgewühlten Meer« oder einem »Affenkäfig«.

Absorbierende Gedanken als Gedanken wahrzunehmen, nimmt ihnen ihre magische Bannkraft. Bewusst eingesetzte Bilder sind Brücken für den Ausstieg aus abgeschlossenen Gedankenwelten.

Gefühle

Gefühle können in doppelter Weise zu Instrumenten einer Achtsamkeitspraxis werden. Bestimmte Emotionen, die im Folgenden als öffnend beschrieben werden, tragen direkt zur Achtsamkeit bei. Andere hingegen behindern die Ausbildung von Achtsamkeit. Wie zerstreuende Gedanken können jedoch auch sie zum Anstoß werden, neue Wege achtsamer Selbstwahrnehmung zu erproben.

Öffnende Emotionen

Die amerikanische Psychologin Barbara Friederickson wies darauf hin, dass bestimmte Emotionen unsere Wahrnehmung und so auch unsere Handlungsmöglichkeiten erweitern. Gefühle wie Dankbarkeit, Freude oder Staunen lassen uns unser Leben in einem helleren Lichte sehen. Da sie uns in eine ruhevolle Stimmung versetzen, sind solche Emotionen für die Einübung von Achtsamkeit eine wertvolle Hilfe. Wir können uns für sie öffnen und sie, wenn sie uns geschenkt werden, aufmerksam vertiefen. Eine einfache Möglichkeit ist es, wenn wir uns morgens beim Aufstehen fragen, worauf wir uns heute besonders freuen dürfen: vielleicht auf eine Begegnung, unser Lieblingsessen, spannende Aufgaben, einen kurzen Spaziergang, Zeit für Lektüre und Weiterbildung usw. Eine andere Möglichkeit ist es, uns abends vor dem Einschlafen in einem Tagesrückblick zu fragen, wofür wir dankbar sein können. Vielleicht sind es dieselben Dinge, auf die wir uns am Morgen freuten. Möglicherweise sind es freudige Überraschungen oder kleine Entdeckungen, die unseren Alltag bereichert und zu einem einzigartigen Tag unseres Lebens gemacht haben. Oft sind es kleine und unscheinbaren Ereignisse, die uns das Gefühl vermitteln, vom Leben beschenkt zu werden. Sie wecken die Achtsamkeit für die lichtvolle Seite unseres Lebens.

Emotionen wie Dankbarkeit, Staunen, Freude und Trost weiten und vertiefen die Achtsamkeit. Wir können uns für sie öffnen und sie nähren.

Absorbierende Emotionen

Emotionen öffnen manchmal unsere Sinne. Häufiger ist jedoch das Gegenteil der Fall: sie schränken unsere Wahrnehmung ein und aktivieren uns. ›Negative‹ Emotionen erzeugen unruhige Gedanken und elektrisieren sie. Sie hüllen unseren Geist in Gewitterwolken. Wenn wir bemerken, dass Gedanken uns stark absorbieren und wir uns nur schwer von ihnen distanzieren können, ist es hilfreich, die Aufmerksamkeit auf die Gefühlsebene zu lenken. Emotionen wie Zorn, Traurigkeit, Angst oder Neid gleichen einem Feuer, das einen so dichten Rauch erzeugt, dass die Flammen nicht mehr wahrnehmbar sind. Um sie zu entdecken, braucht es erschließende Fragen:

Welche Affekte verstecken sich hinter den vielen Gedanken, die mich in Bann ziehen? Was ist die emotionale Ladung der mentalen Prozesse, die mich ganz in Beschlag nehmen?

Erst wenn wir die verborgenen Gefühlslagen erkennen und benennen können, ist es möglich, uns von ihnen zu distanzieren. Um uns von ihnen lösen zu können, müssen wir lernen, sie als ein Element unserer seelischen Wirklichkeit zu akzeptieren. Sie machen nicht unser Wesen aus, doch gehören sie zu unserer momentanen Befindlichkeit.

›Negative‹ Gefühle bringen uns mit Dimensionen von uns selbst in Berührung, die wir in der Regel unbeachtet lassen. Wir kommen durch sie in Kontakt mit schmerzlichen Seiten unseres Daseins, die gewürdigt werden möchten: frustrierte Bedürfnisse, seelische Verletzungen, Minderwertigkeitsgefühle und anderes mehr. Achtsames Wahrnehmen schafft einen heilsamen Raum. Indem wir unangenehme Emotionen, die sich hinter und unter unseren absorbierenden Gedanken verbergen, achtsam und mit einer wohlwollenden Haltung wahrnehmen, können sie sich langsam auflösen wie Frühnebel an einem Sommermorgen.

Emotionen wie Ärger, Angst oder Neid vernebeln unseren Blick und verstellen den Blick für den gegenwärtigen Moment. Begegnen wir ihnen mit Achtsamkeit, verlieren sie ihre negative Ladung.

7

Haltungen

Haltungen der Achtsamkeit

Zur Einstimmung

Achtsamkeit wurde weiter oben als *innere* Haltung beschrieben. Sie umfasst ungeteilte Wahrnehmung und das Verweilen im gegenwärtigen Augenblick ebenso wie wohlwollende, nicht urteilende Akzeptanz. Die folgenden Abschnitte laden dazu ein, diese innere Haltung zu verleiblichen und mit *äußeren* Haltungen zu verbinden. Das Sitzen, Stehen, Gehen und Liegen bietet je besondere Möglichkeiten, sich in Achtsamkeit einzuüben.

Sitzen

Verbunden mit einer nach innen gekehrten Wahrnehmung ist das stille Sitzen für viele spirituelle Übungswege *die* Grundhaltung der Achtsamkeitspraxis. Im aufrechten Sitzen finden wir am einfachsten in ein hellwaches Dasein, das ganz Ohr ist für das Geheimnis der Gegenwart. Finden wir durch ruhiges Sitzen in ein achtsames Gewahrsein unserer selbst und dessen, was uns umgibt, so beginnen wir wie von alleine, uns äußerlich und innerlich aufzurichten. Wir nehmen die Festigkeit des Bodens und die Schwere unseres Leibes ebenso wahr wie die uns zentrierende und nach oben öffnende Kraft. Besonders wenn wir auf dem Boden sitzen, verbinden sich in unserer Haltung Würde und Demut. Durch achtsames Erkunden dieser gefühlten Qua-

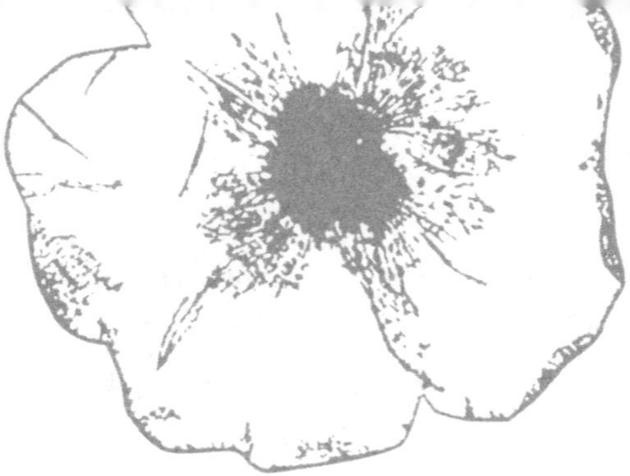

litäten unseres leiblichen Daseins üben wir uns ein in Grundhaltungen menschlichen Lebens und richten uns aus im Spannungsfeld zwischen ›Erde‹ und ›Himmel‹.

Im stillen Sitzen findet Achtsamkeit zur Hochblüte. Sie entfaltet sich durch das Gewahr-Werden des lebenstragenden Fundamentes und der uns aufrichtenden Kraft des Himmels.

Stehen

Wie die Übung stillen Sitzens bedeutet Achtsamkeit im Stehen, äußeres Bewegtsein zurückzunehmen, zu verweilen, sich bewusst zu erden. Ein festes Fundament und sicheren Boden unter unseren Füßen zu spüren, nährt unser Welt- und Lebensvertrauen. Vielleicht merken wir, dass es uns schwer fällt, aufrecht und entspannt im Stehen zu verweilen. Körperliche Anspannung oder das unruhige Gefühl, ständig auf dem Sprung sein zu müssen, machen sich bemerkbar. Es ist ein erster entlastender Schritt, den Verspannungen, die uns steif machen, oder der Unruhe, die uns zappelig werden lässt, mit wohlwollender Achtsamkeit zu begegnen. Beeinträchtigend für ›aufrechtes Dasein‹ wirken auch manche Emotionen: Traurigkeit beispielsweise oder Furcht und Beschämung. Sie lassen uns kraftlos in uns zusammensinken oder in einer Schon- oder Schutzhaltung zusammenkauern. Achtsamkeit macht uns aufmerksam auf die Emotionen, die sich in unserer gewohnten körperlichen Haltung habitualisiert haben. Es kann sein, dass wir uns in einer aufrecht-entspannten Haltung als ungeschützt erleben. Versuchen wir auch solches Erleben achtsam zu erkunden. Vielleicht entdecken wir dabei, dass die Verletzlichkeit, die wir wahrnehmen, der Preis für etwas ist, was wir in hohem Maße schätzen und worauf wir nicht verzichten möchten. Sie ist die Rückseite unserer Weltoffenheit, unserer Zugänglichkeit für andere.

Üben wir Achtsamkeit im Stehen,
erkunden wir unser Menschsein: unsere
aufrechte und weltoffene Haltung, die
unser Wesen ausmacht.

Liegen

Viele Menschen machen ihre ersten bewussten Erfahrungen mit Achtsamkeit im Liegen. Die meisten der heute praktizierten Entspannungsverfahren beinhalten ein Moment von achtsamem Wahrnehmen. Im ›Body Scan‹, wie er in achtsamkeitsbasierten Formen der Psychotherapie angeleitet wird, geht es beispielsweise darum, jedes einzelne Glied unseres Leibes geduldig und hellwach zu erspüren. Wir können uns auch ganz auf das Empfinden der Auflagefläche und das leibliche Schweregefühl ausrichten. Auf diese Weise kommen wir in Kontakt mit dem stabilisierenden ›Grund‹ unseres Lebens. Im Liegen können wir auf geschützte Weise lernen, uns fallen zu lassen – »geduldig in der Schwere ruhn« (Rainer Maria Rilke).

Anspruchsvoll ist die Übung der Achtsamkeit im Liegen deshalb, weil wir in dieser Haltung leicht in einen unterwachen Zustand geraten. In das behagliche Gefühl können sich auch schmerzliche Gefühle und Empfindungen mischen: körperliche Verspannungen, die umso spürbarer werden, je mehr wir in die Entspannung finden; oder seelische Unrast, die sich kontrastiv von der körperlichen Ruhe abhebt. Achtsam-wohlwollende Akzeptanz ist dann besonders gefragt. Sie lässt uns erfahren, dass Unruhiges von Ruhe umfangen werden kann.

Im Liegen bringt uns achtsame Wahrnehmung in eine intensive Verbindung mit dem tragenden und bergenden ›Grund‹ unseres Lebens.

Gehen

Kinder erkunden die Welt mit ihren Füßen. Sie lieben es, barfuß herumzugehen. Für viele Menschen ist das Barfuß-Gehen Inbegriff von Freiheit und Ferien. Mit nackten Füßen einen taufrischen Rasen durchqueren oder langsam über eine moosige Waldfläche zu gehen, auf einem sandigen Strandweg Spuren zu hinterlassen und die Brandung des Meeres auf der Haut zu spüren – all das verbinden wir mit intensivem Leben in der Gegenwart. In solchen Momenten finden wir fast wie von alleine zu einer Haltung dankbarer Achtsamkeit. Für die Übung im Alltag bietet es sich an, zunächst nur aufmerksam die vielfältigen Qualitäten unseres Gehens wahrzunehmen. Wir steigen Treppen hoch und hinunter, joggen auf weichen Finnenbahnen, klettern Berge hoch, gehen auf Feldwegen und asphaltierten Straßen, überqueren Plätze mit Kopfsteinpflaster und betreten Restaurants mit weichen Teppichböden oder hartem Parkett. Manchmal eilen wir, zu anderen Zeiten ist unser Schritt gehemmt oder wir schlendern locker einen Fluss entlang, als würde uns seine sanfte Strömung mittragen. Die gefühlte Qualität unserer Geh-Weisen ist je eine andere. Auf sie können wir unsere Aufmerksamkeit richten, um so neu und auf achtsamere Weise unterwegs zu sein.

Um die Achtsamkeit zu vertiefen, können wir zwischendurch unser Schritttempo bewusst verlangsamen. Ganz bewusst einen Schritt nach dem anderen zu tun, ist eine wirksame Form der Entschleunigung. Das verlangsamte Tempo, das uns zunächst gegen den Strich gehen mag, wirkt auf uns zurück. Es kann zwar sein, dass es uns zunächst wie dem Tausendfüßler geht, der durch ein Zuviel an Aufmerksamkeit aus dem Tritt gerät. Nach und nach entdecken wir jedoch die Feinheiten des Gehens – und vielleicht einen neuen Gang, der uns zur Verfügung steht, wenn wir wieder einmal zu schnell unterwegs sind.

Achtsam Gehen bedeutet, die gefühlte Qualität unserer Bewegung zu erspüren und mit unseren Füßen die Welt neu erkunden.

8

Räume

Räume der Achtsamkeit

Zur Einstimmung

So wie es Instrumente gibt, die uns zur achtsamen Wahrnehmung verhelfen, finden sich auch Räume, die sich besonders zur Übung der Achtsamkeit eignen. Betreten wir diese Räume, die uns in eine bestimmte Weise der Präsenz und des Mit-Seins hinein holen! In ihnen öffnet sich unser Sinn für Hintergründiges. Zumeist sind es stille Räume, aber nicht nur. Manche Räume erfordern bereits beim Eintreten eine besondere Achtsamkeit. Bei anderen sind die Grenzen fließend.

Naturräume

Wenn wir in der Natur unterwegs sind und an anmutigen Orten verweilen, finden wir oft wie von selbst in eine achtsame Haltung. Wir kennen Orte, an denen wir unwillkürlich stehen bleiben, um staunend zu verweilen. Stille Wald-, See-, Berg- oder Wüstenlandschaften vermitteln uns ein Gefühl von Ruhe und Weite. Sie bringen uns in Distanz zu sorgenvollem und selbstbezogenem Denken und führen uns neu in die Gegenwart. Ohne es bewusst zu steuern, wechseln wir, wenn wir uns in solchen Naturwelten bewegen, zwischen einer fokussierten und freischwebenden Aufmerksamkeit. Das Gegenwärtige strömt in seiner Fülle belebend in uns ein. Leider trüben unsere mentalen Zivilisationskrankheiten auch die unberührtesten Reservate. Eben waren wir noch ganz im Hier und Jetzt, und schon hängen wir wieder unseren Gedanken nach. Kaum haben wir das lang vermisste Gefühl unbeschwerten Daseins wiedergefunden, kehren bereits die ersten sorgenvollen Gedanken zu uns zurück. Sind wir vertraut mit der Übung der Achtsamkeit, bemerken wir schneller, wenn unsere Aufmerksamkeit sich zu zerstreuen beginnt. Lassen wir uns von der Schönheit eines Naturraumes zurück rufen in das Geheimnis des Augenblicks!

Die Einladung zur Achtsamkeit erfahren wir in der Natur oft am deutlichsten. »Verweile doch!« sagt sie zu uns, noch bevor wir's zum erfüllten Augenblick sagen.

Sakralräume

Sakrale Räume sind architektonisch geformte Einladungen zur Achtsamkeit. Es sind Übergangsräume. Sie öffnen sich für die Präsenz einer anderen Wirklichkeit und ermöglichen das Präsentwerden in ihr. Sie markieren, worüber Menschen nicht verfügen, weisen hin auf ein einladendes Geheimnis, das beachtet werden möchte. Um touristischem Geplauder Einhalt zu gebieten, finden wir mancherorts eine Figur, die ihren Finger an die Lippen hält, oder in Stein gemeißelte Schwellenhüter, die sichtbar machen, was zurückzulassen ist. Es ist auf sinnlich erfahrbare Weise sinnreich, unsere Schuhe auszuziehen, wenn wir einen Gebets- oder Meditationsraum betreten. Je nachdem bekreuzigen wir uns auch mit Weihwasser und verneigen uns beim Eintreten. Solche Zeichenhandlungen helfen, in eine achtsam-gesammelte Haltung hineinzufinden. Die Gestaltung dieser Räume unterstützt diese Einkehr- und Sammlungsbewegung. Das Geheimnis vermittelt sich atmosphärisch: in Licht und Dunkel, Weite und Geborgenheit, Symbolen und vertrauten Zeichen. Kommen wir in sakralen Räumen an, bewegen wir uns langsamer, bedächtiger, achtsamer. Wir bleiben stehen, setzen uns, knien hin. Wir entzünden eine Kerze, sprechen leise ein Gebet, lauschen auf die Stille. Manchmal genießen wir es, alleine in heiligen Räumen zu verweilen. Zu anderen Zeiten schätzen wir die Gemeinschaft im Schweigen. Es bedeutet eine besondere Form von Intimität, zusammen mit anderen Menschen, die in Gebet oder Meditation versunken sind, die Präsenz eines sakralen Raumes zu teilen.

Achtsamkeit verdichtet sich, wenn sie gemeinsam gesucht wird. Sie lässt einen Raum beziehungsreicher Stille entstehen.

In sakralen Räumen kommt die Achtsamkeit ›nach Hause‹ und öffnet sich dem umfassenden Geheimnis.

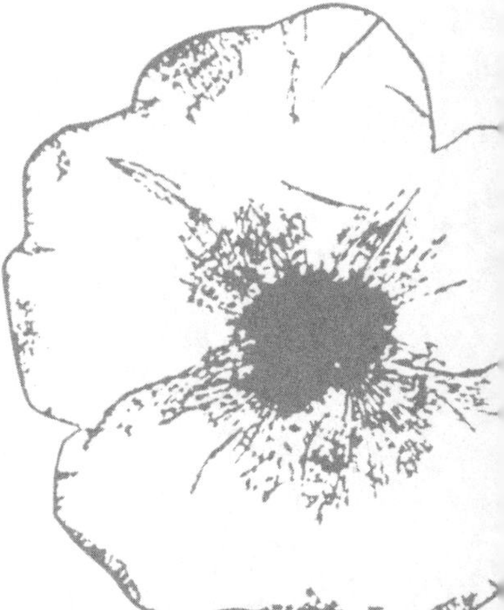

Kunsträume

Kunstwerke schaffen, auch wenn wir sie nicht mit unseren Füssen betreten können, eigene Sinn- und Erlebnisräume. Die Seh-, Hör- und Lesewelten, die sie unseren Sinnen anbieten, lenken und formen unsere Aufmerksamkeit. Gelegentlich ziehen sie uns in Bann. Sie können unsere Aufmerksamkeit ganz absorbieren. Um zur Achtsamkeit zu finden, braucht es bewusstes und geduldiges Verweilen beim Wahrgenommenen.

Bildende Kunst

Achtsam-verweilendes Schauen lässt uns in den Raum eintreten, den uns ein Bild eröffnet. Ästhetische Wahrnehmung erfordert Muße, damit sich der Blick weiten und vertiefen kann. Schauend verwandelt sich unser Blick. Im achtsamen Eintreten in kunstvoll gestaltete Bildwelten gewinnen wir einen neuen Blick auf die Welt unseres Alltags. Seerosenteiche sehen anders aus, nachdem wir durch die Sehschule der Seerosenbilder von Claude Monet gegangen sind.

In achtsamem Verweilen gewinnen wir einen besonderen ›Geschmack‹ an der sinnlich-materiellen Qualität von Bildern und Skulpturen. Raue Oberflächen, dick aufgetragene Farben und Spuren der Pinselführung gehören, so bemerken wir, zur Bildaussage dazu. Bildende Kunst lässt so die Entstehung des Sinnes aus dem Sinnlichen erfahrbar werden. Wir werden zu Zeuginnen und Zeugen der Geburt neuer Welten. Aus einem Federstrich und zwei Punkten entsteht vor unseren Augen ein Gesicht. Der gemalte und übermalte Grund öffnet sich plötzlich in die Tiefe. Ein Horizont zeichnet sich ab, vor dem eine Gestalt sich abzuheben beginnt. Das Bild schafft, achtsam betrachtet, eine sinnreiche und dichte Wirklichkeit. Wie in den Räumen, die wir schon durchschritten haben, weckt achtsames Schauen den Sinn fürs Hintergründige. Es sensibilisiert für Unbestimmtes und Verheißungsvolles, das vor unseren Augen zur Quelle von Sinn und Bedeutung werden kann.

Bildende Kunst schafft sinnliche und sinnreiche Räume, in denen wir achtsames Schauen auf lustvolle Weise ausbilden und vertiefen können.

Musik

Im Vergleich zur bildenden Kunst macht Musik uns das achtsame Wahrnehmen noch einfacher. Musikalische Werke strukturieren die Zeit. Sie lassen in sich abgerundete Klangräume entstehen. Andere Welten klingen in ihnen nach und an. Achtsamkeit bedeutet hier, die musikalisch eröffneten Hörwelten aufmerksam auszuloten: auf Harmonien, melodische Überraschungen, auf spezielle Tonqualitäten achten; sich mitnehmen lassen und in Distanz treten, der eigenen Resonanz nachlauschen.

Die Klangwelten der Musik laden dazu ein, sich achtsam in ein fein gesponnenes Ton(-in-Ton-)Kleid einzuhüllen, sich von Klängen forttragen zu lassen und wieder zurückzukehren zur eigenen Resonanz.

Leseräume

Im Lesen tun sich uns imaginative Erfahrungs- und Achtsamkeitsräume auf. Das langsame und wiederholende Lesen ist grundlegend für das achtsame Erforschen von Textwelten. Wenn es sich um Texte handelt, die uns fesseln oder langweilen, ist das auf gegensätzliche Weise anspruchsvoll. Im ersten Fall geht uns die Distanz verloren, ohne die sich Achtsamkeit nicht entfalten kann – so wenig wie ein guter Wein ohne Luft. Texte, die wir verschlingen, können wir nicht gleichzeitig achtsam ›verkosten‹.

Im zweiten Fall, der Langeweile, fehlt uns das aktive Interesse, das Achtsamkeit hervorbringt und wachhält. Manchmal lässt es sich durch gezielte Fragen wecken. Doch gibt es Texte, die uns, auch wenn wir uns noch so intensiv um sie bemühen, nichts sagen. Zum Glück fehlt es nicht an anregender Literatur! Zur Einübung des achtsamen Lesens eignen sich besonders Texte, die uns sowohl ansprechen wie inhaltlich herausfordern. Mit klassischen Texten der Literatur- und Spiritualitätsgeschichte können wir ähnliche Erfahrungen machen wie mit Lieblingswanderungen: Jedes Mal, wenn wir sie unter die Füße nehmen, entdecken wir sie neu. Es sind solche Erfahrungen, die dazu bewegen, uns von Neuem auf den Weg zu machen oder ein uns bereits vertrautes Buch nochmals in die Hand zu nehmen.

Achtsame Lektüre öffnet eine Tür zu Leseräumen, in denen wir wie in einem weitläufigen Schlossgarten gerne verweilen. Wir kehren danach mit anderen Augen in unseren Alltag zurück.

Begegnungsräume

Achtsamkeit findet nicht nur dort zur Entfaltung, wo wir natürliche, sakrale oder ästhetische Welten erkunden. Auch in sozialen Räumen ist sie bedeutsam.
Wir haben ein feines Gespür dafür, was es heißt, achtsam oder unachtsam von anderen behandelt zu werden. In persönlichen Begegnungen ist Achtsamkeit Ausdruck von Achtung und Respekt. Wir stoßen hier auf eine ethische Dimension. Jemandem Achtsamkeit schenken bedeutet, ihm zu vermitteln, dass wir ihn anerkennen.
Für unsere Entwicklung ist es grundlegend, erfahren zu können, dass wir von anderen be- und geachtet werden. Wir erfahren uns auf diese Weise zugehörig, in unserer Würde respektiert. Nicht in jeder Begegnung ist

die Erfahrung von Anerkennung im gleichen Maße gegeben. Achtsamkeit vermittelt sie auf besondere Weise.
Auch Tiere hören. Einander achtsam zuhören können, ist dem Menschen vorbehalten. Achtsames Zuhören heißt: mit Interesse ganz präsent bei anderen und dem zu sein, was sie uns mitteilen – mit ihren Worten und ebenso in nonverbaler Kommunikation. Soll Achtsamkeit eine Begegnung prägen, wird sie nicht allein das Hören, sondern auch das Sprechen umfassen. Das kann bedeuten, Schweigen auszuhalten, Worte mit Bedacht zu wählen, Sprechpausen zuzulassen, besonders jedoch: Erwartungen loszulassen. Begegnungsräume öffnen und vertiefen sich häufig auf unerwartete Weise. Ein Gespräch, das zu Beginn stockend war, kommt durch eine unerwartete Wendung plötzlich in Fluss. Es nimmt uns hinein in ein kreatives Sich-Ent-

wickeln von Gedanken und Einsichten, die durch nonverbale Elemente unterstrichen werden: einem Stirnrunzeln oder verschmitztem Lächeln, einem geheimnisvollen Blick oder einer ernsten Geste, hellem Auflachen, manchmal auch von Tränen.

Achtsamkeit öffnet Räume des Vertrauens und des Respektes. Sie führt uns ins Geheimnis des Andersseins und der Verbundenheit in Verschiedenheit.

9

Zeiten

Zeiten der Achtsamkeit

Zur Einstimmung

Achtsamkeit braucht, um lebensprägend zu werden, Zeiten intensiven Übens ebenso wie Zeiten alltäglicher Bewährung. Ohne Zeitreservate, die ausschließlich der Einübung gewidmet sind, lässt sich die Kunst achtsamer Wahrnehmung nicht erlernen. Ohne Verbindung mit alltäglichem Tun, kann sie nicht zur lebensprägenden Haltung werden. Achtsamkeit vertieft sich ganz besonders, wenn sie auch in Trockenzeiten praktiziert wird, in denen sie uns Mühe bereitet. Die achtsame Haltung hilft uns, nicht restlos im Auf und Ab des Lebens aufzugehen.

Alltag

Um Augenblicke der Achtsamkeit in unserem Alltag zu finden, hilft ein aufmerksamer Blick auf unseren normalen Tagesablauf. Welche Gelegenheiten und Herausforderungen birgt er für die Einübung von Achtsamkeit? Was ließe sich verändern, um den Alltag achtsamer zu gestalten? Gibt es Leer- und Spielräume, denen wir mehr Beachtung schenken können?

Achtsamkeit in Stresssituationen

Die regelmäßige Übung der Achtsamkeit kann uns dazu befähigen, mit Stresssituationen und unseren Reaktionen einen bewussteren Umgang zu finden. Unter hohem Druck achtsam zu bleiben, ist zwar ein anspruchsvolles Unterfangen. Dennoch sind Stresssituationen hervorragende Gelegenheiten, Achtsamkeit einzuüben. Denn wir erleben in ihnen den Unterschied, den eine achtsame Haltung mit sich bringt, besonders deutlich. Das Üben beginnt mit der genauen Wahrnehmung von stressbedingten Aufmerksamkeitsschwächen. Wir haben einen entscheidenden Schritt getan, wenn wir unsere spezifische Weise, mit Stress umzugehen, achtsam wahrnehmen. Ein weiterer Schritt ist es, einfache Achtsamkeitshilfen zu entwickeln. Das sprichwörtliche »einmal tief Durchatmen« ist beispielsweise eine solche Hilfe. Sie wirkt jedoch nur, wenn wir sie auch praktizieren! Für wiederkehrende Situationen sind verinnerlichte Merksätze nützlich, die uns Atempausen ermöglichen (Beispiel: »Fragen kann nicht schaden«). Ebenso Regeln, die wir uns zu Eigen gemacht haben (Beispiel: Unter Stress keine weitreichenden Entscheidungen treffen). Bewahren wir in belastungsreichen Situationen ein Stück Achtsamkeit, erhöht sich unsere Lebensqualität. Da es um eingefleischte Reaktions- und Handlungsmuster geht, müssen wir uns allerdings auf einen längeren Übungsweg einstellen, um ein Stück Achtsamkeit in die spannungs- und konfliktreichen Zonen unseres Lebens zu bringen.

In belastungsreichen Situationen die Achtsamkeit zu wahren, gleicht der Entdeckung der Windstille inmitten eines Wirbelsturms.

Zeiten des Übergangs

Zeiten des Übergangs sind günstige Ansatzpunkte für die alltägliche Einübung von Achtsamkeit. Jeder Tag kennt eine Vielfalt solcher Übergangszeiten: das Aufwachen und Aufstehen am Morgen, der Tagesabschluss und der Übergang in den Schlaf am Abend; der Gang zur Arbeit und die Heimkehr; der Wechsel von einer Tätigkeit zu einer anderen. Oft passieren wir diese Übergänge in automatisierter Weise. Gedankenlos gehen wir vom einen zum andern über oder hängen bei dem, was wir gerade tun, noch dem nach, was uns zuvor beschäftigte. Statt sich traumwandlerisch vom einen Tun zum anderen zu bewegen, lassen sich solche Übergänge achtsam gestalten. Dazu legen sich drei unterschiedliche Möglichkeiten nahe: Wir können unsere Aufmerksamkeit

– auf das Loslassen,
– auf den Übergang
– und auf das Neue richten, dem wir uns zuwenden.

Wir können uns beispielsweise morgens beim Aufwachen der schnell verblassenden Welt unserer Träume zuwenden und sie einige Augenblicke lang erforschen, um uns dann achtsam dem neuen Tag zuzuwenden, der bereits Samen der Freude und der Sorge in unser erwachendes Bewusstsein gelegt hat. Auch das achtsame Öffnen und Schließen einer Türe oder das Überschreiten einer Schwelle kann zu einem symbolischen Akt der Achtsamkeit werden.

Alltägliche Übergänge sind günstige Gelegenheiten für achtsames Loslassen und Innehalten.

Wartezeiten

Die Beschleunigung unserer Lebensrhythmen hat die Wartezeiten nicht eliminiert, sondern macht sie uns in neuer Weise erfahrbar. Auch der beste Computer mit dem schnellsten Netzanschluss produziert gelegentlich Wartezeiten. Wer schnell unterwegs ist, spürt auch deutlicher, wenn er ausgebremst wird. Auch wenn wir bei solchen Gelegenheiten gerne von ›Geduldsübungen‹ sprechen, bekommt unsere Rede leicht einen ungeduldigen Unterton. Der Fuß ist noch auf dem Gaspedal. Der Blick wandert auf die Uhr.

Wirkliche ›Geduldsübungen‹ sehen anders aus: Wir begrüßen die Wartezeit als Atempause und ›Entschleunigungsinsel‹. Die Verlangsamung genießend suchen wir den Kontakt zu dem, was uns in der Gegenwart begegnet. In einer solchen Haltung können wir zum Beispiel eine belebte Straßenbahnhaltestelle in einen Meditationsraum verwandeln. Wir realisieren vielleicht zunächst, wie gehetzt und müde wir unseren Arbeitsplatz verlassen haben. Nach einigen Minuten werden wir ruhiger und beginnen die Menschen um uns achtsam wahrzunehmen. Oder wir entdecken plötzlich hinter den Strommasten und Fahrleitungen die matte Mondsichel und die sie begleitende Venus am Abendhimmel.

Achtsamkeit verwandelt Wartezeiten in Übungszeiten, in denen sich Unerwartetes und Unverhofftes zeigen kann.

Achtsamkeitstagebuch

Die alltägliche Achtsamkeitsübung wird unterstützt und verfeinert, wenn wir Erfahrungen, wie die eben beschriebenen, schriftlich nachzeichnen. Bestimmte Aspekte von Erfahrungen werden uns erst bewusst, wenn wir sie ausbuchstabieren. Wir sensibilisieren uns auf diese Weise für den alltäglichen Reichtum von Achtsamkeitsmomenten. Die Artikulation von Erlebtem schärft unsere Wahrnehmungssinne. Im Aufschreiben entdecken wir Empfindungsqualitäten, die wir kaum bemerkt oder bereits wieder vergessen haben. Sind sie uns im Raum der Sprache voll bewusst geworden, werden wir sie in Zukunft auch bewusster wahrnehmen.

Erinnernde Vergegenwärtigung und sprachliche Artikulation bahnt den Weg für die achtsame Neuentdeckung unseres Alltags.

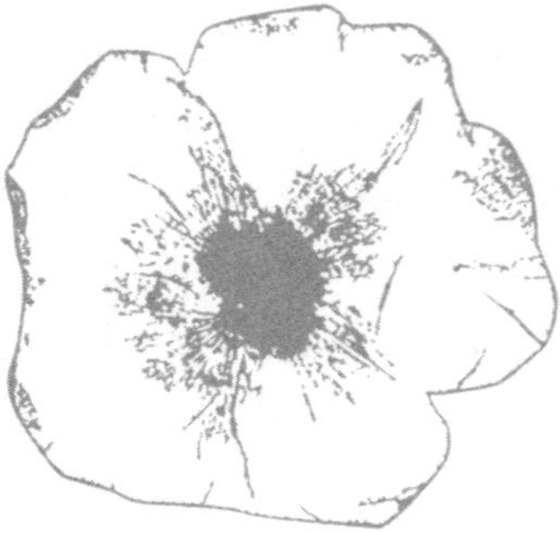

Arbeit

Achtsamkeit verändert die Art unseres Arbeitens. Je nach Arbeit hat diese Veränderung eine besondere Gestalt.

Achtsame Handarbeit

Wie schon in der Antike wird Handarbeit heute wenig geschätzt. Die Antike betrachtete sie als Sklavendienst. Im 4. Jahrhundert entdeckten die Wüstenväter ihre therapeutische und spirituelle Bedeutung. Achtsame Handarbeit strukturiert die Zeit und mit der Zeit das Leben. Mit Achtsamkeit verrichtete Handarbeit vermittelt die Erfahrung einer rhythmisierten Ordnung. Sie sammelt unseren Geist und erschließt eine ihr eigene Sinndimension. Der russische Schriftsteller und Nobelpreisträger Alexander Solschenizyn, der selbst viele

Jahre in Gefangenschaft verbrachte, beschreibt diese Erfahrung in seinem Roman „Der erste Kreis der Hölle". Er erzählt von vier Gefangenen, die geplagt von Langeweile, Angst und Verzweiflung einen langen Sonntag in ihrer Zelle verbringen. Als einer von ihnen beginnt, seine Socken zu stopfen, entspinnt sich ein Gespräch über den Sinn dieser Tätigkeit. Achtsame Handarbeit ist nach diesem literarischen Zeugnis eine wirksame Form, dem Chaos der Geschichte zu widerstehen. Eine ähnliche Erfahrung bezeugt auch der Altgermanist Friedrich Ohly. Auch er verbrachte nach dem Zweiten Weltkrieg mehrere Jahre in russischen Gefängnissen. In dem autobiografischen Text „Glück eines Gefangenen mit Puschkin und mit Steinen" berichtet er von zwei Dingen, die es ihm möglich gemacht haben, die schlimmsten Jahre seines Lebens heil zu überstehen: Poesie und achtsames Handwerk. Die Poesie, gekritzelt auf kleinste Papierfetzen und auswendig rezitiert, schenkte dem trostlosen Gefängnisalltag Glanz und Zauber; die Handarbeit ermöglichte die Erfahrung sinnhaften Vollbringens.

In achtsamer Handarbeit verknüpft sich sinnliches Erleben mit der Erfahrung einer sinnhaften Ordnung (eines ›Mikrokosmos‹), die auf eine umfassende Ordnung (einen ›Makrokosmos‹) verweist.

Achtsames Studium

Die französische Philosophin Simone Weil widmete dem achtsamen Studium einige schöne Seiten ihres literarischen Werks. Die Kunst der Achtsamkeit sieht sie darin, sich von eigenen Vorstellungen und Zielsetzungen zu lösen. Sie leitet dazu an, unseren

Geist zu öffnen für Einsichten und Erkenntnisse, die sich bei hinreichender Achtsamkeit und Geduld von alleine einstellen. Denn die kostbarsten Güter solle man nicht suchen, sondern erwarten. Simone Weil vergleicht diesen wartenden und offenen Geist mit einem Menschen, der auf einem Berggipfel steht und in die Weite schaut. Er bemerkt am Rande seines Sehfeldes viele Wälder und Ebenen. Doch fokussiert er seinen Blick nicht darauf. Er hält ihn offen für die Weite, die vor ihm liegt.

Die in diesem Bild veranschaulichte Kunst des achtsamen Studierens liegt in einer ausgewogenen Mischung von Aktivität und Rezeptivität, von fragendem Interesse und der Offenheit für unerwartete Lösungen. Wie bei allen anderen Übungen der Achtsamkeit spielt dabei die Langsamkeit eine zentrale Rolle. Der Philosoph Ludwig Wittgenstein stellte einmal fest, dass im Wettkampf der Philosophen derjenige am weitesten komme, der am langsamsten zu laufen versteht.

Achtsames Studium bedeutet: im Suchen nach Einsicht den Geist öffnen für eine Klarheit, die wir empfangen dürfen.

Achtsames Arbeiten im ›Flow‹

Achtsames Arbeiten fällt uns leicht, wo eine Tätigkeit uns Freude bereitet und uns in unserem Können herausfordert. Lockt sie unsere besten Kräfte hervor, finden wir in einen ›Flow‹. In einem solchen Fluss-Erleben vergeht die Zeit im Nu. Wir gehen ganz im Tun auf, das uns auf energetisierende Weise absorbiert.

Obschon es viele Jahre zurückliegt, erinnere ich mich noch heute an das zufriedene Gesicht meines Zahnarztes, nachdem er mir in zweistündiger und komplikationsreicher Arbeit die Weisheitszähne entfernt hatte. Als hätte er eben einen Berg erklettert, der seit langem auf seiner Liste stand, erklärte er mir munter, es sei ein besonders anspruchsvoller Schnitt nötig gewesen, den er bisher noch kaum benutzt habe. Die Operation war für ihn eine spannende Herausforderung, bei der er seine zahnärztliche Kunstfertigkeit unter Beweis stellen konnte. Auch wenn es nicht ohne Schmerzen ging, hatte das für mich spürbare Auswirkungen. Ich merkte, dass ich mich in guten Händen befand, die hoch konzentriert und sorgfältig arbeiteten.

Arbeiten im Flow ist eine Spitzenerfahrung professioneller Identität. Auf achtsame Weise sind wir ganz bei dem, was uns herausfordert. Wir gehen darin auf, ohne uns zu verlieren.

Fasten

Fasten ist eine wirksame und oft lustvolle Weise, die Achtsamkeit zu schulen. Die neue spirituelle Fastenpraxis, wie sie sich in den letzten Jahrzehnten durchsetzen konnte, stellt nicht mehr die Verzichtsleistung in den Vordergrund. Stattdessen betont sie das Fasten als Weg achtsamen Wahrnehmens. In der Umstellung auf eine Ernährung, die von den körpereigenen Reserven zehrt, öffnen sich unsere Sinne. Farben und Gerüche werden intensiver. Durch die Verlangsamung, die das Fasten mit sich bringt, nehmen wir sensibler wahr, wo wir zu schnell und zu hastig unterwegs sind. Die freiwillige Brachzeit, in welcher die äußere Ernährung und die damit verbundenen körperlichen Vorgänge zur Ruhe kommen, schafft einen Freiraum für andere Lebensquellen. Zugleich sensibilisiert das Fasten, das uns aus selbstverständlich gewordener Sattheit herausführt, für die Not von Hunger und Unterernährung. Die tief greifende körperliche Umstellung und die durch sie bewirkte veränderte Selbst- und Weltwahrnehmung ermöglicht mitten im Alltag heilsame Wüstenerfahrungen. Sie können zum Anfang neuer (Ess-)Gewohnheiten werden – und manchmal sogar zur Ausbildung einer neuen Lebensform beitragen.

Achtsamkeit und leibfreundliches Fasten unterstützen und fördern sich: Das Fasten intensiviert unsere sinnliche Wahrnehmung und bewirkt geistige Klarheit; die Achtsamkeit sensibilisiert uns für das, was uns nachhaltig nährt, und schenkt uns die Gabe des Verkostens.

Feiern

Was ein Fest zur Feier macht, hat mit Achtsamkeit zu tun. Sie macht den Unterschied zwischen einem ausgelassenen Fest und feierlichen Momenten, in die eine andere Stimmungsqualität hineinspielen. Achtsamkeit ist das Ingredienz, das einer Feier Würde gibt und ihr zugleich die Steife nimmt, die jeden ritualisierten Vollzug gefährdet. Ob es sich um liturgische, familiäre oder andere Feiern handelt: Schon die Vorbereitung bedarf der Achtsamkeit. Alles muss stimmen. Die Farbe der Servietten und der Blumen, das Zeremoniell und die Tischordnung, der Wein und das Essen, die Worte und die Musik – oder der Blumenkranz und die Inschrift am Grab eines Menschen, den wir liebten. In feierlichen Stunden reden und bewegen wir uns anders als sonst: bedächtiger, würdiger, auf-

rechter. Die Zeit verdichtet und öffnet sich auf eine Transzendenz, die auch dann präsent wird, wenn sie nicht ins Wort findet.

In Feierstunden stellt sich Achtsamkeit wie von alleine ein. Wir dürfen sie vertiefen und in Dankbarkeit und Freude verkosten.

Sabbatzeiten

Der Sabbat ist das Geschenk der jüdisch-christlichen Tradition an eine heutige Kultur der Achtsamkeit. In diesen besonderen Feiertag fließen viele der Motive ein, die in dieser Einladung zur Achtsamkeit entfaltet wurden. Es ist eine Zeit des achtsamen Nicht-Tuns, des feierlichen Verweilens in Gottes Gegenwart. Im weiteren Sinn genommen sind Sabbatzeiten kürzere oder längere Auszeiten, in denen wir in uns gehen und uns neu orientieren können. Für die Einübung alltäglicher Achtsamkeit sind solche Zeiten ebenso kostbar wie unerlässlich. Im achtsamen Verweilen im Hier und Jetzt ›ohne Warum‹ berühren wir leise den Ursprung unseres Seins. Wir beginnen wahrzunehmen, dass wir getragen sind von einem Grund, der unser Leben, unser Tun und Lassen in sich birgt.

© Sabine Zgraggen

Der Autor

PD Dr. theol.; Dozent für Theologie des geistlichen Lebens/Spiritualität an der Theologischen Hochschule Chur; Kontemplationsbegleiter; mitverantwortlich für den MAS-Lehrgang Christliche Spiritualität (Universität Fribourg/Lassalle-Haus)